STUDIES IN THE
ROMANCE LANGUAGES AND
LITERATURES

UNIVERSITY OF NORTH CAROLINA

STUDIES IN THE ROMANCE LANGUAGES AND LITERATURES

A BIBLIOGRAPHY OF ITALIAN DIALECT DICTIONARIES

BY

ALBERTO D'ELIA

CHAPEL HILL

NUMBER ONE   1940

COPYRIGHT 1940
BY UNIVERSITY OF NORTH CAROLINA
CHAPEL HILL, N. C.

INTRODUCTION

The Bibliography now before you is not a doctoral dissertation. It was inspired by W. Von Wartburg's *Bibliographie des dictionnaires patois* (Paris: Droz, 1934) and it makes an effort to be more complete than any of the other bibliographies of Italian dialect dictionaries that have appeared so far.

It is the first one of its type to be compiled according to the classification of Clemente Merlo, discussed in *L'Italia dialettale*, volume one, pages 12-26. However, there have been two predecessors: (1.) *Bibliografia dei vocabolari ne'Dialetti Italiani raccolti e posseduti da Gaetano Romagnoli*, compiled by Bacchi Della Lega in 1876, and (2.) *I vocabolari delle parlate italiane*, compiled in 1930 by Angeo Prati. Bacchi Della Lega's work is completely out of date and he classified the dialects alphabetically rather than grouping them under particular dialect regions. Angelo Prati's bibliography has a number of defects, the main one being that he uses a different number for different editions of the same item. Another defect is the fact that he included non-Italian dialects in his work.

The author of this bibliography believes that it is superior to the two bibliographies named above particularly because of the novel classification and because of the greater number of items listed.

The author deemed it necessary to include the names of cities and publishers after those items which were published by obscure literary societies which are found throughout Italy.

I wish to thank Dr. U. T. Holmes, Jr., for suggesting this bibliography to me, and for his kind and valuable suggestions. I wish to thank also Dr. R. W. Linker and Dr. S. E. Leavitt for their valuable suggestions on various parts of the bibliography. I am indebted also to Miss Rosalyn Gardner for her assistance in the clerical tasks involved. Special thanks are expressed to Mr. A. E. Lindsay for his aid and valuable suggestions on various parts of the work.

Items 356, 421, 589, 602 and 707 have been left out intentionally.

CHAPEL HILL
NOVEMBER, 1939

A. L. D'ELIA

TABLE OF CONTENTS

Introduction 1
Abbreviations 2

BIBLIOGRAPHY

Works of a general nature 5
I.   TUSCAN 12
         A. Florence 14
         B. Other Tuscan Towns 16
         C. Western Tuscan 17
         D. Sienese 18
         E. Aretine 19
II A.   CENTRAL AND SOUTHERN DIALECTS 19
         A. Gentral Bibliography 19
         B. Sicilian 20
         C. Calabrese 30
         D. South Apulia 33
II B.   SECOND GROUP OF CENTRAL AND SOUTHERN
        DIALECTS 35
         A. Northern Apulia 35
         B. Lucania 37
         C. Compania 37
         D. Molise 45
         E. Abbruzzese 46
II C.   THIRD GROUP OF CENTRAL AND SOUTHERN
        DIALECTS 47
         A. Umbrian 47
         B. Lazio 48
         C. Marche 51
III.   NORTHERN DIALECTS 52
         A. General Bibliography 52
         B. Piedmont 53
         C. Ligure 59
         D. Lombard 62
         E. Emilian 71
         F. Tre Venetie and Neighboring Districts. 78
IV.   SWITZERLAND AND ITALIAN TYROL 88
         A. Swiss-Italian 88
         B. Italian Tyrol 90
V.   REGIONS OUTSIDE KINGDOM 96
List of Authors 92

ABBREVIATIONS

Agi—Archivio glottologico italiano
Aptp—Archivio per lo studio delle tradizioni popolari
Arch. Glott.—Archeologico Glottologico
Arch. Rom.—Archivum Romanicum
CUSRLL—Catholic University of America. Studies in Romance
         language and literature
Cu—La Cultura
IFS—Institute of French Studies
ITd—L'Italia dialettale
JRP—Jahresbericht über die Fortschritte der Romanische Philologie
MLA—Modern Language Association of America
NC—Neuphilolog. Centralblatt.
PMLA—Publications of the Modern Language Association of America
PR—ll Propugnatore
Rddr—Revue de dialectologie romane
RGI—Rivista Geografia Italiana
RIL—Rendiconti del reale Instituto Lombardo
RLR—Revue de Linguistique Romane
RR—Romanic Review
S. Asl—Studî dell'archivio storico lombardo
Sfr—Studî di filologia romanza
Sgi—Studî glottologici italiani
Sr—Studî romanzi
UPSR—University of Pennsylvania Publication Series in Romance
         Languages
ZfrPh—Zeitschrift für romanische Philologie

ROMANCE LANGUAGES AND LITERATURES:
A BIBLIOGRAPHY OF ITALIAN DIALECT DICTIONARIES

GENERAL

1. Adelung, Federico, *Prospetto nominativo di tutte le lingue note e dei loro dialetti* . . . tradotta e corredata di una nota sui dialetti italiani. Milano, G. B. Bianchi, 1824.

2. Arboit, Angelo, *Dei dialetti italiani.* Parma, 1880. 88 p.

3. *Archivum Romanicum: Nuova rivista di filologia romanza, diretta da Giulio Bertoni.* Geneva, Leo S. Olschki, 1917—.

4. Bacchi della Lega, Alberto, *Bibliografia dei vocabolari ne'dialetti italiani raccolti e posseduti da Gaetano Romagnoli* . . . Bologna, G. Romagnoli, 1876. 96 p.

   ——————————, *Appendice alla Bibliografia* . . . Bologna, Fava e Garagnani, 1877. 22 p.

   ——————————, Above combined and reissued in 1879.

5. Bastianello, Giuseppe, *Grande vocabolario collettivo dei dialetti d'Italia.* Napoli, Soc. edit., 1865. 232 p.

6. Battisti, Carlo, *Bibliografia dei dialetti italiani e non italiani d'Italia.* (for the years 1924-25). Pisa, Simoncini, 1928. 20 p.

   ——————————, *Bibliografia* . . . (for 1924-25). *ITd* II, III (1926-27), 262-297, 253-293.

   ——————————, *Bibliografia* . . . (for 1926-28). Pisa, Simoncini, 1930. 31 p.

   ——————————, *Bibliografia* . . . (for 1926-28). *ITd* IV, V (1928-29), 234-305, 270-300.

   ——————————, *Bibliografia* . . . With additional title *Parte Ia. Toponomastica.* (for 1929-31) *ITd* VII (1931), 273-297.

   ——————————, *Bibliografia* . . . With *Parte IIa. Toponomastica.* (for 1929-31). *ITd* VIII (1932), 221-246.

7. Battisti, Carlo, *Le dentali esplosive intervocaliche nei dialetti italiani. ZfrPh (Beiheft)* XXVIII (1912), 248.

8. Battisti, Carlo, *Testi dialettali italiani, in trascrizione fonetica pub. da C. Battisti.* Pt. I, II. Halle, Niemeyer, 1914-21.

9. Bertoldi, Vittore, *Vocabolari e atlanti dialettali*. Udine, Società filologica friulana, 1924. 24 p.
10. Bertoni, Giulio, *Italia dialettale*. Milano, Hoepli, 1916. 249 p.
11. Bottiglioni, Gino, *Note morfologiche sui dialetti di Sarzana, San Lazzara, Castelnuovo Magra, Serravalle, Nicola, Casano, Ortonovo. Rddr* III (1911), 339-401.
12. *Bulletin de dialectologie romane* . . . ed. Schöedel. Bruxelles, 1909-1915.
13. Burgand des Marets, Henri, *Bibliothèque patoise de M. Burgand des Marets*. Pt. I, II. Paris, *Livres rares et précieux*, 1873-1874.
14. Caix, Nap., *Saggio sulla storia della lingua e dei dialetti d'Italia*. Pt. I. Parma, Grazioli, 1872. lxxii-160 p.
15. Cantù Cesaro, *Vicende dei parlari d'Italia: dissertazione*. Torino, Unione tip., (1877). iv-229 p.
16. Capalbo, Rosina, *Il dialetto nelle scuole elementari*. Cosenza, tip. Avanguardia, (1886). 19 p.
17. Cestari, Tom. Emmanuele, *Sulle unificazione della lingua in Italia: dialetto, lingua, letteratura*. Venezia, Ripamonti-Ottolini, 1870. 14 p.
18. Chimienti, Giuseppe Alba, *Note etimologiche dialettali*. Spoleto, Unione tip. Nazzarena, 1924. 9 p.
19. Cocchi, Giovanni, *Monologhi in diversi dialetti; studio e franchezza*. Milano, libr. edit. Concordia, 1926. 16 p.
20. Corazzini, Francesco, *I componimenti minori della letteratura popolare italiana nei principiali dialetti o saggio di letteratura dialettale comparata*. Benevento, 1877.
21. Corazzina, Francesco, *Relazione ai socî promotori della società dialettologica italiana*. Benevento, De Gennaro, (1876).
22. Crocioni, Giovanni, *Nota sul dialetto del "Diaro" di G. B. Belluzzi edito da P. Egidi*. Roma, Forzani, 1906. 14 p.
23. De Gubernatis, Angelo, *Lettere filologiche*. Firenze, Barberà, 1864. 32 p.
24. De Minicis, E. e Jacopini, P., *Musa dialettale*. Fermo, 1928. 37 p.
25. Edler, Florence, *Glossary of mediaevel terms of business, Italian series, 1200-1600, by F. Edler* . . . Cambridge, Mass., The Mediaeval Academy of America, 1934. xx-430 p.
26. Ferreri, Gherardo e Bilancioni, Guglio, *La grafica laringea e respiratoria come indice della varietà glottologica del dialetto italiano*. Roma, tip. del Campidoglio, 1914. 33 p.

27. Filzi, Mario, *Contributo alla sintassi dei dialetti italiani*. Perugia, Unione tip. coop., 1914. 92 p.
28. Finamore, Gen., *Dialetto e lingua: avviamento allo studio dell' italiano nelle nostre scuole*. Pt. I. Lanciano, Carabba, 1898. 31 p.
29. Fioravanti, Luigi, *Il dialetto nell'insegnamento della grammatica e della lingua*. Teramo, Bezzi-Appignani, 1888. 56 p.
30. Formari, Pasquale, *Il piccolo Carena o nomenclatura italiana spiegata e illustrata colle parole corrispondenti dei dialetti: milanese, piemontese, veneto, genovese, napolitano, siciliano, sardo, e friulano*. Libro per le scuole elementari e dei sordi-muti di P. F. con lettera del Cav. Pietro Fanfani. Milano, Carrara, 1877. xv-336 p.
31. Gliozzi, Ettore, *Elementi di grammatica italiana per le scuole medie inf.: esempi, regole ed esercizi, con numerosi richiami al dialetto*. Torino, soc. edit. Internazionale, 1928. 143 p.
32. Jaberg, Karl, and Jud, J., *A linguistic and ethnographical atlas of the Raetian and Italian speech-domain of Switzerland and of upper and central Italy*. RR XIV, 249-264. Translated by H. R. Lang
33. Jaberg, Karl, and Jud, J. *Der Sprach-und Sachatlas Italiens und der Südschweiz und die Bezeichnungsgeschichte des Begriffs*. (anfangen). RLR I (1925).
34. Jaberg, Karl, and Jud, J. *Der Sprachatlas als Forschungsinstrument; Kritische Grundlegung und Einführung in den Sprach-und Sachatlas Italiens und der Südschweiz*. Halle (Saale), M. Niemeyer, 1928. xxi-243 p.
35. Jaberg, Karl, and Jud, J., *Sprach-und Sachatlas Italiens und der Südschweiz, von K. Jaberg und J. Jud. Die Mundartaufnahmen wurden durchgeführt von P. Scheuermeier, G. Rohlfs und M. L. Wagner. (A. I. S.)*. Zofingen (Schweiz), Ringier & Co., 1928—.
36. Jud, J., *La valeur documentaire de l'Atlas linguistique de l'Italie et de la Suisse méridionale*. RLR IV (1928).
37. Labus, Pietro, *Spunti di terminologia dialettale idrografica*. L'Italia Fisica V (1927), 211-215.
38. Laconi, Arturo, *I dialetti nella scuola*. Torino, Camilla e Bertolero, 1887. 18 p.
39. Lorenzi, Arrigo, *Le raccolte di termini geografici dialettali; loro attinenze e limiti: appunti e considerazioni*. Firenze, M. Ricci, 1911. 26 p.

40. Lunge, Isidoro del, *Lingua e dialetto nelle commedie del Goldoni*. Reale accad. della Crusca. *Atti* (1910-11), 27-85. Firenze.

41. Mazzoni, Toselli Ottavio, *Origine della lingua italiana, opera di O. T. Mazzoni*. Bologna, Tip. e Libr. della Volpe, 1831.

42. Merlo, Clemente, *Aggiunte e rettifiche alle "norme per la trascrizione fonetica."* ITd III (1927), 253-293.

43. Merlo, Clemente, *Atlante linguistico ital. della Soc. Fil. Romana*. Roma, tip. dell'Accad. dei Lincei, 1930. 2 p.

44. Merlo, Clemente, *I nomi della Pentecoste nei dialetti italiani*. ITd II (1926), 238-250.

45. Merlo, Clemente, *Il sostrato etnico e i dialetti italiani*. RLR IX (1933).
 ————————, *Il sostrato* ... ITd IX (1933), 1-24.

46. Merlo, Clemente, editor, *L'Italia dialettale; rivista di dialettologia italiana*. Pisa, 1924—.

47. Merlo, Clemente, *Norme per la trascrizione fonetica (con una tavola)*. ITd I (1924-25), 3-11.

48. Merlo, Clemente, *Postille al Rom. etym. Wörterbuch di W. Meyer-Lübke*. Pisa, Annali Università toscana, 1926. 45 p.

49. Merlo, Clemente, *Studi glottologici di Clemente Merlo*. Pubblicati nell'occazione del venticinquesimo anniversario del suo insegnamento da colleghi, discepoli ed amici. Pisa, Nistri-Lischi, 1934. xlii-262 p.

50. Meyer-Lübke, Wilhelm, *Romanisches Etymologisches Wörterbuch*. Heidelberg, C. Winter, 1911.

51. Michelangeli, Alessandro, *Il dialetto nella lingua: osservazioni e raffronti*. Palermo, Clausen, 1892. 23 p.

52. Mignosi, Pietro, *Dialettica*. Palermo, Priulla, 1930. 97 p.

53. Mignosi, Pietro, *Introduzione alla dialettica*. Palermo, Priulla, 1925. 150 p.

54. Monaci, Ernesto, *Crestomazia italiana dei primi secoli con prospetto grammaticale e glossario*. Città di Castello, Lapi, 1912. xvi-704 p. Con testi dialettali e le glosse di Cassel e di Vienna (p. 521-524).

55. Monaci, Ernesto, *Pe'nostri manualetti: avvertimenti, con due appendici (Appunti bibliografici; norme per la compilazione dei vocabolari dialettali.)* Roma, Loescher, 1918. 57 p.

56. Mussafia, Adolf, *Monumenti antichi di dialetti italiani*. Kais.

Akad. d. Wissensch; Philos.-Hist. XLVI, 113-235.

57. Nardi, Francesco, *Studî sui dialetti della lingua italiana*. Padova, tip. del Seminario, 1852.

58. Nardi, Francesco, *Sui dialetti d'Italia: discorso accademico*. Padova, Bianchi, 1858.

59. Nardo, Giovanni, *Considerazioni filologiche sull'importanza dello studio comparativo dei dialetti rustici, ecc*. Venezia, tip. Commercio, 1869. 34 p.

60. **Nardo, Giovanni,** *Richerche filologiche-comparative sulla derivazione di alcune voci de'dialetti italiani, specialmente veneti.* Venezia, Grimaldo, 1876. 61 p.

61. **Ovidio, Francesco d',** *Grammatica storica della lingua e dei dialetti italiani tradotta per cura del dott. Eugenio Polcari dalla 2a edizione tedesca rifatta da W. Meyer-Lübke.* Milano, 1906.

62. Ovidio, Francesco d', *Religuie probabili e possibili degli antichi dialetti italici nei moderni dialetti italiani e negl'idiomi romanzi in genere. Atti della r. accademia di scienze morali e politiche (Società reale di Napoli)* (1902), xxxiv.

63. Pagano, Vincenzo, *Aggiunta a'miei studi filolog. intorno alla lingua e i dialetti d'Italia*. PR XIII (1879), 3.

64. Pagano, Vincenzo, *Della formazione della lingua italiana e dei dialetti italici*. Bologna, Fava e Garagnani, 1879.

65. **Pagano, Vincenzo,** *Dell'antichità della lingua italiana e dei dialetti italici*. Bologna, Fava e Garagnani, (1879).

66. Pagano, Vincenzo, *Lingue e dialetti d'Italia: altri e nuovi studî filologici*. Bologna, Fava e Garagnani, (1880).

67. Papanti, Giovanni, *I parlari italiani in Certaldo alla festa del V centenario di Messer Giovanni Boccacci; omaggio di G. Papanti*. Liverno, tip. di F. Vigo, 1875. xiv-736 p.

68. Penzig, Ottone, *Flora popolare italiana: raccolta dei nomi dialettali delle principali piante indigene e coltivate in Italia*. Genova, Orto botanico della reale università, 1924.

69. Prati, Angelo, *Dal dialetto alla lingua*. Milano, Il Trentino, 1924.

70. **Prati, Angelo,** *I vocabolari delle parlate*. Roma, Caponera & figlio, 1931. 68 p.

71. Preda, Piero, *Piccole voci: ritmi dialettali e italiani, con prefazione di Renato Simoni*. Milano, Treves, 1921. xi-73 p.

72. Pulle, Francesco Lorenzo, *Per un Atlante dialettologico dell'Italia*. Soc. ital. per il progresso delle scienze. *Atti* [Riunione II (1908)] 301-309. Roma.

73. Ramondini, Enrico, *I dialetti e la lingua comune in Italia*. Napoli, Nobile, (1866). 20 p.

74. Raseri, E., *Persone di cittadinanza italiana che parlano abitualmente in famiglia un idioma straniero, secondo i risultati del censimento generale della popolazione del 10 febbraio 1901*.

75. *Revue Linguistique Romane*. Paris, Champion, 1925-35.

76. Rolla, Pietro, *Note di dialettologia e toponimia italiana*. Rossano, Palazzi, (1896). 47 p.

77. Romanelli, Giuseppe, *Lingue e dialetti (neologismi, barbarismi, solecismi): nuovo avviamento allo studio della lingua, con raffronti sulle due edizioni dei Promessi Sposi*. Livorno, R. Giusti, 1909. xiv-286 p.

78. *ROMANIA*, Paris, Champion, 1872—.

79. Rossi, E. G., *I vocobolarî e le traduzioni dialettali, considerati come mezzo di diffusione della lingua nazionale*. Sondrio, Quadrio, 1899. 23 p.

80. Sabatini, Francesco, *L'ortografia razionale per la lingua e pei dialetti d'Italia, appunti e proposte di F. S.* Roma, "Estratto dall' Roma Antologia", 1887.

81. Sabatini, Francesco, *Spigolature: costumi, tradizioni popolari, dialettologia, curiosità letterarie*. Roma, Befani, 1888, 159 p.

82. Salvioni, Carlo, *Appunti etimologici e lessicali*. ZfrPh XXII (1898), 465-480.
———————, *Appunti ... Serie II*. ZfrPh XXIII (1899), 514-532.

83. Salvioni, Carlo, *Dialetti italiani antichi*. JRP I (1901), 127-129.
———————, *Dialetti ...* (for 1905). ZfrPh IX (1909), 88-100.

84. Salvioni, Carlo, *"La Divina Commedia", "Orlando Furioso", e "La Gerusalemme liberata" nelle versioni e nei travestimenti dialettali a stampa: saggiuolo bibliografico*. Bellinzona, Salvioni, 1902. 41 p.

85. Salvioni, Carlo, *Noterelle varie*. Rddr I (1909), 99-109.

86. Savj-Lopez, Paolo e Bartoli, Matteo, *Altitalienische Chrestoma-*

thie mit einer grammatischen Uebersicht und einen Glossar. Strassburg, Trübner, 1903. viii-214 p.

87. Schuerr, Friedrich, *La classificazione dei dialetti italiani*. Leipzig, H. Keller, 1938. 23 p.

88. Seifert, Eva, . . . *Tenere "haben" im romanischen. Mit vier karten*. Firenze, L. S. Olschki, 1935. 119 p.

89. Sforzosi, L., *Tesoretto per lo studente della lingua italiana ossia raccolta di brevi e dilettevoli aneddoti con note esplicative in francese a pié delle pagine per facilitare la traduzione, e cogli accenti di prosodia sopra ogni parola*. Paris, Leroy (O. J.), 1907. vii-353 p.

90. Simonici, Ferdinando, *L'Italia dialettale rivista di dialettologia italiana*. Pisa, 1925.

91. Siniscalchi, Michele, *Idiotismi: voci e costrutti errati di uso più comune nel mezzogiorno d'Italia con un' appendice ortografica*. II edizione. Trani, Vecchi, 1889. 92 p.
    —————————, III edizione. Trani, Vecchi, 1902. 200 p.
    —————————, IV edizione. Trani, Vecchi, 1909. 200 p.

92. Sorrento, Luigi, *Folclore e dialetti d'Italia:* (1925-27). Milano, Aevum, 1927. 151 p.
    —————————, *Folclore* . . . (for 1925-1929). Milano, Aevum, 1929. 80 p.

93. *Studi glottologici italiani* . . . , I and later volumes. Torino, E. Loescher, 1899-1919.

94. Thomas-Fusi, Emilia, *Manualetto di nomenclatura dei lavori femminili con cenni intorno alla maniera di eseguirli*. Milano, Agnelli, 1896. 96 p. *Con Dizionario dei termini propri dei lavori femminili usati in questa operetta colla traduzione nei dialetti di diverse città* (p. 65-94).

95. Tommasini, Cesare, *Vocabolario generale di pesca con tutte le voci corrispondenti nei vari dialetti del regno*. I (letters a-c). Torino, Paravia, 1906. vi-708 p.

96. Trabalza, Ciro, *Dal dialetto alla lingua: nozioni di grammatica italiana esposte con riferimento al dialetto e corredate di 18 versioni in dialetto d'un brano dei Promessi Sposi: manualetto per la preparazione degli allievi maestri e in sussidio degl'insegnanti*. Torino, Paravia, 1924. xx-123 p.

97. Trauzzi, Alberto, *Aree e limiti linguistici nella dialettologia ital. moderna*. Rocca S. Casciano, Cappelli, 1916. 104 p.

98. Villari, Pasquale, *I dialetti e la lingua. Nuova antologia.* CCXXV [(serie V, CXLI) (1909)], 385-395. Roma.

99. Zambaldi, Francesco, *Vocabolario etimologico italiano* ... Città di Castello, 1889.

100. Zingarelli, Nicola, *Vocabulario della lingua italiana*. Edizione minore. Milano, Bietti e Reggiani, 1926. 784 p.

101. Zoncada, Antonio, *I dialetti d'Italia: letture*. Pavia, Bizzoni, (1875).

102. Zuccagni-Orlandini, Attilio, *Raccolta di dialetti italiani con illustrazioni etnologiche, di A. Zuccagni-Orlandini*. Firenze, tip. Tofani, 1864. 483 p.

I. TUSCAN

103. Alfieri, Vittorio, *Voci e modi toscani raccolti da V. Alfieri con le corrispondenze de'medesimi in lingua francese ed in dialetto piemontese*. Torino, per L. (sic) Alliana a spese di P. G. Libr. della *Reale Accad. delle Scienze*, 1827.

104. Alfonso, Pietro, *Nuova redazione d'un frammento in volgare toscano della "Disciplina Clericalis" pub. da Alfredo Schiaffini*. Firenze, Carnesecchi, 1924. 20 p.

105. Baldinucci, Filippo, *Vocabolario toscano dell'arte del disegno*. Firenze, Santa Franchi, 1681. xix-188 p.
    ——————, *Vocabolario* ... Verona, Romanzini, 1806.
    ——————, *Vocabolario* ... *Opere* I, III. Milano, tip. de'Classici Italiani, 1808-1809.

106. Bianchini, E. Giuseppe, *Modi proverbiali e motti populari toscani dichiarati*. Reggio-Emilia, tip. Artigiamelli, 1888. 155 p.

107. Bresciani, Antonio, *Saggio di alcune voci toscane d'arti mestieri e cose domestiche*. Napoli, 1857.
    ——————, *Saggio* ... Milano, Boniardi-Pogliani, 1871. 120 p.
    ——————, *Saggio* ... Torino, tip. Salesiana, 1878. 136 p.
    ——————, *Saggio* ... Milano, Muggiani, 1887. 121 p.

108. Buommattei, B., *Della lingua toscana, libri due*. Verona, 1729.
    ——————, *Della lingua* ... Soc. Tip. Class. Ital., Milano, 1807.

109. Buscaino-Campo, Alberto, *Lettere critiche sui vocabolarî della pronunzia e dell'uso toscano, compilata da P. Fanfani*. Mazzara, Modica-Romano, 1863. iii-72 p.

110. Caverni, Raffaele, *Dizionaretto di voci e di modi nella Divina Commedia dell'uso popolare toscano*. Firenze, 1878. 150 p.

111. Corticelli, Salvatore, *Regole ed osservazioni della lingua toscano*. **Parma, 1768.**
 ———————, *Regole* . . . , Reggio, 1826.

112. Corticelli, Salvatore, *Regole ed osservazioni della lingua toscana ridotte a metoro* . . . *Edizione I milanese* . . . Milano, 1809.

113. Fanfani, Pietro, *Vocabolario dell'uso toscano compilato da P. Fanfani*. Firenze, G. Barbera, 1863. x-1036 p.

114. Fanfani, Pietro, (compiler), *Vocabolario della pronunzia toscana*. Firenze, succ. le Monnier, 1879. v-746 p.

115. Giuliani, Giambattista, *Delizie del parlare toscano: lettere e ricreazioni. Con un Saggio di un nuovo dizionario del linguaggio volgare toscano*. Firenze, Le Monnier, 1880. 534, 459 p.

116. Levi, Attilio, *Toscano "aschero" ed affini*. Reale accad. delle scienze di Torino. Atti XLI (1906), 474-482.

117. Mancini, Lorenzo, *Lezioni accademiche*, 1834-35. **Lucca, 1835.**

118. Manutius, (P. de,) *Eleganze insieme con la copia della lingua toscana e latina*. Venezia, 1580.

119. Meyer-Lübke, Wilhelm, *Grammatica storico-comparata della lingua italiana e dei dialetti toscani*. Riduzione e traduzione ad uso degli studenti di lettere per cura di Matteo Bartoli e Giacomo Braun. Con aggiunte dell'autore. Torino, E. Loescher, 1901. xv-269 p.
 ———————, *Grammatica storico-comparata* . . . Con aggiunte dell'autore e di E. G. Parodi. Torino, G. Chiantor, 1927. vi-215 p.

120. Olivieri, Dante, *"Il Milione" di Marco Polo secondo la riduzione italiana della "Crusca" riscontrata sul manoscritto arricchita e rettificata mediante altri manoscritti italiani a cura di D. O.* Bari, Laterza, 1928. 296 p. Con *Glossario* del *Testo toscano*.

121. Parodi, Ernesto Giacomo, *Dialetti toscani: comptes rendus*. Parigi, 1889. 38 p.

122. Politi, Adriano, *Dittionario toscano* . . . . Venetia, Bada, 1629. 16 (not numbered)—741-22 p.
 ———————, *Dittionario toscano* . . . Venetia, Barezzi, 1640. 558-17 p.

123. Politi, Adriano, *Vocabolario toscano.* Siena, 1606.

124. Savi, Paolo, *Onitologia toscana.* Pisa, Nistri, I, 1827; II, 1829; III, 1831.

125. Surdi, Giuseppe, *Vocabolario domestico toscano compilato per cura di G. S.* Napoli, Nobile, 1849.

126. Targione, Tozzetti Ottaviano, *Dizionario botanico italiano che comprende i nomi volgare italiani specialemente toscano e vernacoli delle piante raccolti da diversi autori e dalle gente di compagna col corrispondente latino botanico compilato dal dottore O. T. .T. ecc.* Firenze, A spese dell'editore, 1858. 308, 248 p.

A. Florence

127. Arlis, Costantino, *Voci e maniere di lingua viva raccolte da C. A.* Milano, Carrara, 1895. viii-374 p.

128. Aruch, Aldo, *Spigolature di dialetto fiorentino antico.* Torino, Loescher, 1920. 10 p.

129. Bellini, Gaetano, *Ca-Che-Chi-Co-Cu: conferenza.* Prato, soc. tip. Pratese, 1910. 39 p.

130. Camaiti, Venturino, *Opera postume. I:* —*Dizionario etimologico pratico dimostrativo del linguaggio fiorentino, con un profilo di V. Camaiti scritto da Gualtiero Guatteri.* Firenze, Vallecchi. 284 p.

131. Del Lungo, Isidoro, *La Crusca e il suo vocabolario.* Roma, *Nuova Antologia,* (1923). 14 p.

132. Fanfani, Pietro, *Il vocabolario novello della Crusca: studio lessicografico.* Milano, Carrara, 1877. 352 p.

133. Fanfani, Pietro, *Voci e maniere del parlare fiorentino.* Firenze, G. Polverini, 1870. iv-194 p.

134. Frizzi, Giuseppe, *Dizionario dei frizzetti popolari fiorentino.* Città di Castello, S. Lapi, 1890. vii-267 p.

135. Gelmetti, Luigi, *La lingua parlata di Firenze, e la lingua letterario d'Italia; studio comparativo della quistione.* Milano, N. Battezzati e B. Saldini, 1874.

136. Giacchi, Pirro, *Dizionario del vernacolo fiorentino, etimologico, storico, aneddotico, artistico, aggiunte le voci simboliche, metaforiche e sincopate.* Firenze, tip. Bencini, 1878. 123 p.

137. Giambullari, Pier Francesco, . . . *De la lingua che si parla e*

scrive in Firenze. Et uno dialogo di Giouan Batista Gelli sopra la difficultà dello ordinare detta lingua. Firenze, Torrentino, 1551. 402 p.

138. Giambullari, Pier Francesco, *Origine della Lingua Fiorentina.* Firenze, 1540.

139. Gregorio, Giacomo de, *Il dialetto fiorentino volgare e la lingua italiana. Sgi* VI (1912), 41-77, 78-167.

140. Shaw, James Eustace, *The use of "venire" and "andare" as auxiliary verbs in early Florentine prose. Part I: The use with past participles. A. "Venire", with an introduction.* Baltimore, J. Murphy Co., 1903. 42 p.

141. Tortoli, G., *Il vocabolario della Crusca, e un suo critico.* Firenze, Sansoni, 1875. viii-368 p.

142. *TOSCANA DIALETTALE: I: "Testi fiorentini del due e de' primi del trecento, con annotazioni linguistiche e glossario, a cura di Alfredo Schiaffini."* Firenze, L'arte della stampa, 1924. 80 p.

143. *VOCABOLARIO degli accademici della Crusca:* 1a *impressione.* 1612.

——————, *Vocabolario . . .* 4a *impressione.* Firenze, D. M. Manni, 1729-38.

——————, *Vocabolario . . .* Also contains: *Giunta de'vocaboli raccolti delle opere degli autori approvati dall'Accad. della Crusca . . .* Napoli, 1746-48.
GIUNTA . . . Published separately. Napoli, 1751.

——————, *Vocabolario . . .* Firenze, succ. Le Monnier, 1899-1902.

143a. *VOCABOLARIO compendiato.* Venezia, Pitteri, 1763.

——————, *Vocabolario degli Accad. della Crusca, oltre le giunte fatteci finora, cresciuto di assai migliajo di voci e modi de'classici i più provati dai Veronesi.* Verona, Ramazzini, 1806-9.

143b. *VOCABOLARIO della lingua italiana, già compilato dagli accademici della Crusca, ed ora nuovamente corretto ed accressciuto da Gius. Manuzzi.* Firenze, Passigli, 1832-40.

B. OTHER TUSCAN TOWNS

a. *CASENTINESI:*

144. Bartolini, Antonio, *Un esposto e una figliastra racconto per saggio di voci e maniere di dire casentinesi con dichiarazioni filologiche del P. A. B.* Firenze, tip. del Vocabolario, 1874. 343 p. Con saggio alfabetico delle voci casentinesi (p. 263-343).

b. *GIGLIESE:*

145. Merlo, Clemente, *Vocaboli dell'isola del Giglio.* ITd VIII (1932), 214-220.

c. *LEGHORN:*

146. Doudou, Luigi, *La Bertulia liberata; poema eroico scritto nei' dialetti del basso popolo livornese ed ebraico. Con l'aggiunta del Testamento del Menicanti et altre prose e poesie.* Genova, Stamp. della formicola, 1862.

d. *LUNIGIANESE:*

147. Giannarelli, Dominico, *Caratteri generali dei dialetti lunigianesi compresi fra la Magra e l'Apennino reggiano.* Tortona, Peila, 1912. 31 p.

148. Giannarelli, Dominico, *Studi sui dialetti lunigianesi compresi fra la Magra e l'Appennino reggiano.* Rddr V (1913), 261-311.

149. Maccarrone, Nunzio, *Appunti sulla lingua di G. A. Faye speziale lunigianese del sec. XV. Lessico.* Arch. Glott. XVIII, 513-532.

150. Restori, Antonio, *Note fonetiche sui parlari dell'alta valle di Magra.* Livorno, Vigo, (1892). 43 p.

e. *MAGRA:*

151. Bottiglioni, Gino, *Dalla Magra al Frigido; saggio fonetico.* Rddr III, 77-143.

152. Pasquali, Pietro Settimio, *I nomi di luogo del Comune di Filattiera. Prefazione di Luigi Sorrento.* Milano, Unione tip., 1938. xii-321 p.

f. *ORBETELLO:*

153. Melillo, Giacomo, *La pesca nello salso di Orbetello.* ITd IV (1928), 212-219.

g. *PESCIATINO:*

154. Andreucci, Ivonetto, *I sonetti in vernacolo pesciatino.* Pescia, Tongiorgi, 1924. 355 p.

h. *PITIGLIANO:*

155. Longo, Vincenzo, *Il dialetto di Pitigliano in Provincia di Grosseto*, (*Saggio fonetico-lessicale*). *ITd* XII (1936).

i. *SANESE:*

156. Gigli, Girolamo, *Vocabolario cateriniano*. Firenze, Giuliani, 1866. viii-239, 278 p.

j. *VERSILIA:*

157. Pieri, Silvio, *Il dialetto della Versilia* (*Viaréggio ecc.*) *ZfrPh* XXVIII (1904), 175-191.

k. *VOLTERRANI:*

158. Malagoli, Giuseppe, *Appunti lessicali Volterrani*. *ITd* VII (1931), 260-264.

C. WESTERN TUSCAN

a. *LUCCA:*

159. Bongi, Salvatore, *Le croniche di Giovanni Sercambi lucchese pubblicate sui manoscritti originali a cura di S. B.* Roma, (Lucca, Giusti), 1892, 1893. *Fonti per la Storia d'Italia.* XIX, XX, XXI.

160. Giannini, Giovanni, e Nieri, Idelfonso, *Lucchesismi: manualetto per lo studio del vernacolo in relazione con la lingua, ad uso delle scuole della provincia di Lucca*. Lucca, Giusti, 1917. 110 p.

161. Nieri, Idelfonso, *Parole e modi propri del parlare Lucchese derivati dalla Bibbia e dal rito ecclesiastico*. Reale accademia lucchese di scienze, lettere, ed arti. *Atti* XXXII (1904). 509-593.

162. Nieri, Idelfonso, *Vocabolario lucchese del dott. I. Nieri* ... Lucca, tip. Giusti, 1902. xlvii-286 p.

————————, *Vocabolario* ... *Reale academia lucchese di scienze, lettere ed arti. Memorie e documenti per servire alla storia di Lucca* XV.

163. Pieri, Silvio, *Il verbo aretino e lucchese. In memoria di Napoleone Caix e Ugo Angelo Canello.* **Miscellanea di filologia e linguistica per G. I. Ascoli, C. Avolio** (and others). Firenze, Succ. Le Monnier, 1886.

164. Zanella, Arnaldo, *Idelfonso Nieri e il vocabolario lucchese.* Torino, Cassone, 1908. 26 p.

b. *PISTOIA:*

165. Albertano of Brescia, *Soffredi del Grathia's Übersetzung der philosophischen traktate Albertos von Brescia. Herausgegeben von Gustav Rolin.* Leipzig, 1898. "Laut und formenlehre" der pistojesischen handschrift (p. ix-xliii).

166. Bruner, James Dowden, *The phonology of the Pistojese dialect* ... Baltimore, *PMLA* VII (1894), 89.

b. (1) *MONTALESE:*

167. Nerucci, Gherado, *Cincelle da bambini in nella stietta parlatura rustica d'i Montale pistolese sentute arraccontare e po'distendute 'n su la carta da G. N. e con da ùltimo la listria delle palore ispiegate.* Pistoia, Rossetti, 1880. 115 p. Con *copioso vocabolario del vernacolo montalese* (p. 45-112).

168. Nerucci, Gherado, *Saggio di uno studio sopra i parlari vernacoli della Toscana. Vernacolo montalese (Contade) del sottodialetto di Pistoia. Varie Appendici.* Milano, 1865.

c. *PISANO:*

169. Malagoli, Giuseppe, *Dal dialetto alla lingua: Pisano e Livornese.* Firenze, Bemporad, 1926.

170. Malagoli, Giuseppe, *Saggio di trascrizione fonetica del vernacolo della città di Pisa.* ITd VIII (1932), 208-213.

171 Malagoli, Giuseppe, *Una versione dialettale pisana della novella di Prete Olivo.* Pisa, Orsolini-Prosperi, 1912. 11 p.

172. Malagoli, Giuseppe, *Vocabolarietto del vernacolo pisano con voci e modi dell'affine vernacolo livornese. Precedono alcuni appunti grammaticali riguardanti le forme vernacole e le corrispondenti italiani a uso delle scuole e delle famiglie.* Pisa, Lischi, 1937. 112 p.

D. SIENESE

173. Bartholomaeis, Vincenzo de, ... *Rime antiche senesi, trovate da E. Molteni e illustrate da V. de Barth* ... Con *glossario e appendice.* Roma, Presso la Società, 1902. 44 p.

174. Bielli, Raffaele Luigi, *Poesie giocose nel dialetto dei Chianajoli* (with an Italian translation). Arezzo. tip. Bellotti, 1870.

E. ARETINE

175. Corazzini, Francesco, *Appunti storici e filogici su la valle tiberina superiore*. Sansepolcro, Becamorti, 1874. 8 (not numbered)-127-viii p. Con *Dizionarietto geografico della valle tiberina superiore toscano* (p. 87-100), *Soprannomi* (p. 101-103), *Vocabolario del dialetto arentino* (p. 105-126).

176. Redi, Francesco, *Vocabolario di alcune voci Aretine fatto per scherzo da F. R.* X. in *Collana di publicazioni storice e letterarie aretine*. Arezzo, tip. Beucci, 1928. 184 p.

(1) *BORGO S. SEPOLCRO:*

177. Merlo, Clemente, *Consonanti brevi e consonanti lunghe nel dialetto di Borgo S. Sepoloro*. Pisa, ITd V (1929), 66-80.

II A. CENTRAL AND SOUTHERN DIALECTS

A. GENERAL

178. Balbi, Filippo, *L'amico dello scrittore corretto: studi di lingua. I, Errori più in uso in tutta Italia. II, Nei dialetti meridionali. III, Nel frasario dei curiali, commercienti, giornalisti ecc. IV, Pretesi errori*. Napoli, Ragozzini, 1890. 321 p.

179. Belli, Vincinzo, *Contributi alla conoscenza del lessico dei dialetti italiani centro-meridionali*. ITd III (1927), 179-196; ITd IV (1928), 61-76; ITd V (1929), 81-94.

180. Merlo, Clemente, *Degli esito di "s" iniziale, "s," "ss," ecc. intervocali nei dialetti dell'Italia centro-meridionale*. Pavia, Fusi, 1915. 15 p.

181. Merlo, Clemente, *I dialetti italiani centro-meridionali e le sorti della declinazione latina: lettera a Pio Ragna*. Firenze, Ariani, 1911. 7 p.

182. Parodi, (—), *Dialetti dell'Italia centrale*. (1895-98). JRP VI (1902), 144-149.

183. Pranzetti, Ernesto, *Gli errori di lingua più comuni nei dialetti meridionali: brevi letture per le scuole inferiori del Mezzogiorno*. Napoli, Casella, 1913. 30 p.

184. Ribezzo, Francesco, *Reliquie italiche nei dialetti dell'Italia meridionale*. Soc. reale di Napoli, accad. di archeologia lettere e belle arti. *Atti* I; pt II (1910); 149-169.

185. Rohlfs, Gerhard, *Etymologisches wörterbuch der unteritalienischen gräzität* . . . Halle, Niemeyer, 1930. 393 p.

186. Rohlfs, Gerhard, *Problemi etnografici-linguistici dell'Italia meridionale*. RLR IX (1933).

187. Salvioni, Carlo, *Appunti diversi sui dialetti meridionali.* Perugia, Unione tip. coop., 1908. 67 p.

188. Salvioni, Carlo, *Osservazioni varie sui dialetti meridionali di Terraferma.* RIL XLIV, serie II (1911), 759-811. Milano.

189. Salvioni, Carlo, *Per la fonetica e la morfologia delle parlate meridionali d'Italia.* Milano, L. F. Cogliati, 1912. 37 p.

190. Schiaffina, Antonio, *Influssi dei dialetti centro-meridionali sul toscano e sulla lingua letteraria.* I: *Il perugino trecentesco.* ITd IV (1928), 77-129.

 ———————, *Influssi . . .* II: *L'imperfetto e condizionale in "-ia" ecc.,* ITd V (1929), 1-31.

191. Schneegans, Heinrich, *Süditalienische Dialekte* (1897-1898). *JRP* V, pt. I, 150-156.

 ———————, *Süditalienische . . .* (1904). *JRP* VIII, pt. I, 149-153.

192. Terracini, B. A., *Dialetti dell'Italia centrale. Marchiano* (1900-10); *Romanesco* (1900-08); *Toscana* (1899-1908). *JRP* XIII, pt. I, 136-151.

193. Vaughan, Herbert H., *The dialects of central Italy.* UPSR (extra series VI), 1-100. Philadelphia, 1915.

B. Sicilian

194. Alighieri, Dante, *La Divina Commedia. Traduzione in dialetto siciliano di Filippo Guastella.* Palermo, Di Carlo e Co., 1923. 619 p.

195. Altavilla, Raffaele, *Il faciullo siciliano: libro di lettura e di premio compilato dal prof. R. A. ad uso speciale delle scuole elementari di Sicilia.* Palermo, Pedone Lauriel, 1878. 256 p. Con *Nomenclatura siciliana-italiana* (p. 28-217), e *Vocabolarietto domestico siciliano-italiano* (p. 218-249).

196. Assenza, Vincenzo, *Dizionario zoologico siciliano-italiano scientifico della maggior parte degli animali della Sicilia con i relativi nomi nei principali vernacoli dell'isola.* Modica, Maltese, 1928. 215 p.

197. Avolio, Corrado, *Introduzione allo studio del dialetto siciliano. Tentativo d'applicazione del metodo storico-comparativo per C. Avolio.* Noto, F. Zammit, 1882. viii-246 p.

198. Avolio, Corrado, *Saggio di toponomastica siciliana.* Noto, Di Giovanni, 1937. 83 p.

 ———————, *Saggio . . .* Siracusa, Soc. tip., 1937. 83 p.

199. Barbagallo, Silvia, *L'articolo nella lingua dei primi poeti siciliani*. Catania, Viaggio-Campo, 1927. 56 p.

200. Benoit, Luigi, *Ornitologia siciliana, ossia catalogo ragionato degli uccelli che si trovano in Sicilia*. Messina, Fiumara, 1840.

201. Bible. *Il libro di Rut, volgarizzato in dialetto siciliano dall'avv. L. Scalia*. Londra, (privately printed), 1860. 24 p.

202. Bible. *New Testament. Gospels. Matthew.*, *Il Vangelo di S. Matteo, volgarizzato in dialetto siciliano dall'avv. L. Scalia. Con . . . osservazioni . . . del principe L. L. Bonaparte*. Londra, 1861. vii-122 p.

203. Bible. *Old Testament: "Song of Solomon." Il cantico di Salomone in dialetto siciliano dall'avv. L. Scalia*. Londra, (privately printed), 1860. 20 p.

204. Biundi, Giuseppe, *Dizionario siciliano-italiano* . . . Palermo, 1857.
———————————, *Dizionario* . . . Palermo, Pedone-Lauriel, 1864.

205. Biundi, Giuseppe, *Vocabolario manuale completo siciliano-italiano seguito da un'appendice e da un elenco di nomi proprj siciliani coll'aggiunta di un dizionario geografico ecc. e corredato di una breve grammatica per gl'Italiani* . . . Palermo, Carini, 1851.
———————————, *Vocabolario* . . . II edizione. Palermo, Carini, 1856. v-408-42 p.
———————————, *Vocabolario* . . . Palermo, Carini, 1865. 408 p.

206. Caglià, Antonino, *Nomenclatura famigliare siculo-italica seguita da una breve fraseologia compilata per A. C. da Messina*. Tommaso Capra all'insegne di Maurolico, 1840.

207. Calvaruso, G. M., *Fascicolo di saggio*. Catania, Tirelli, 1929. 16 p.

208. Cannarella, P., *Dizionario siculo di scienze naturale*. Girgenti, Formica, 1927.

209. *Canzoni siciliane, con traduzione italiana*. Rovigo, tip. lit. di A. Minelli, 1891. 10 p.

210. Castagnola, Michele, *Fraseologia siculo-toscana*. Catania, Galatola, 1863. 458 p.

211. Catania, Nino, *Rimario siciliano*. Milano, tip. Veronesi, 1938. 227 p. (L'autore raccoglie, ordinati in rima, tutti i vocaboli compresi nei vocabolari siciliani di ogni epoca, oltre a voca-

boli raccolti dalla viva voce del popolo o dai canti dei poeti dialettali).

212. Cianfruglia, Raimondo, *Grammatica italiana con numerosi esercizi, ad uso delle scuole elementari.* Messina, D'Anna, 1938. 114 p.

———, *Grammatica*... Messina, D'Amico, 1938. 114 p.

213. Ciaramella, Rosario, *Trinacria: testo per gli esercizi di traduzione dal dialetto siciliano.* Milano, Trevisini, 1924.

214. Cocchiara, Salvatore, *Compendio di nomenclatura ad uso delle scuole rurali diurne e serali di Sicilia.* Palermo, Amenta, 1870. 32 p.

215. Cocchiara, Salvatore, *Raccolta di voci siciliane-italiane attinenti a cose domestiche e ad arti e mestieri, ad uso delle scuole serali di Sicilia.* Palermo, Amenta, 1870. 46 p.

216. Cocchiara, Salvatore, *Una casa siciliana, ossia raccolta di voci siciliane-italiane attinenti a cose domestiche per le scuole elementari e le famiglie.* Palermo, Amenta, 1870. 31 p.

217. Corti, Ernesto, *Conversazione intorno a parole e frasi del dialetto siciliano non bene usate nel linguaggio italico.* Catania, Musumeci, 1875. 35 p.

218. D'Alba, Eduarda, *Il siciliano antico: fonetica e cenni morfologici.* Palermo, casa edit. Prometeo, 1923. 113 p.

219. D'Alba, Eduarda, *La trasformazione del siciliano antico: nota critica.* Palermo, casa edit. Prometeo, 1923. 24 p.

220. D'Arezzo, Mario, *Osseruantii dila lingua siciliana et canzoni inlo proprio idioma di M. d'Arezzo, gentil'homo saragusano.* Ristampa dell'edizione del 1543. Palermo, Giannitrapani, 1912. 199 p.

221. Del Bono, P. Michele, *Dizionario siciliano-italiano-latino.* I, II, III. Palermo, Gramignani (I & III), Bentivenga (II), 1751-54. 456, 568, 781 p.

———, *Dizionario*... II edizione. I, II, III, IV. Palermo, Abbate, 1783-84-85. 353, 421 & 397, 406, 443 p.

———, *Dizionario*... I, II, III, IV. Palermo, Abbate, 1873. 353, 421 & 397, 406, 443 p.

222. Di Marco, Enrico, *Nomenclatura di voci italiane-siciliane.* Palermo, Ruffino, 1869. 54 p.

223. Di Marco, Enrico, *Nomenclatura di voci italiane-siciliane: esercizî muti applicati ai vocaboli siciliani-italiani-napolitani, ad uso della 4a elementare.* Palarmo, tip. della Casa Reale, 1871. 55 p.

224. Di Marco, Enrico, *Nomenclatura... ad uso della 3a elementare.* Palermo, Amenta, 1873. 49 p.

225. Di Marco, Enrico, *Nomenclatura. Raccolta di voci siciliane-italiane.* Palermo, tip. della Casa Reale, 1870. 5 p.

226. Di Marco, Enrico, *Nuovo metodo di nomenclatura italiana applicato alla scrittura sotto dettato, agli esercizi di grammatica ed ai quesiti d'aritmetica per E. di Marco ad uso degli allievi delle classi inferiori.* Palermo, Amenta, 1872.

227. Di Mino, Calogero, *Le cose e le parole: esercizî di traduzione dal dialetto siciliano per le scuole elementari (5a classe).* Palermo. Sandron, 1925. 95 p.

228. Drago da Naso, Antonino, *Il dialetto di Sicilia passato al vaglio della Crusca.* Palermo, Gaspare Bajona, 1721.

229. Ducibella, Joseph William, *The phonology of the Sicilian dialects ... by J. W. Ducibella, CUSRLL,* 1934, 491 p.

230. D'Urso, Ed. Nicolas, *Nuovissimo dizionario siciliano-italiano, contenente le voci e le frasi siciliane dissimili dalle italiane, con prefazione di Luigi Capuana.* Catania, Giannotta, 1922. 400 p.

231. Failla-Gelsomino, G., ... *Protagonisti umili; commedie scarabocchiate in dialetto e in lingua.* Palermo. Sandron, 1929. 182 p.

232. Franco, Matilde, *Saggio di provincialismi siciliani,* Palermo, Sandron, 1901.
　　　——————, *Saggio...* II edizione. Palermo, Sandron, 1907. 80 p.
　　　——————, *Saggio...* III & IV edizione. Palermo, Sandron, 80 p.
　　　——————, *Saggio...* V edizione. Palermo, Sandron, 1929. 80 p.

233. Fulci, Inn., *Lezioni filologiche sulla lingua siciliana.* Catania, tip. dell'Ospizio di Beneficenza, 1855.

234. Gioeni, G., *Saggio di etimologie siciliane.* Palermo, Clausen, 1889. 504 p.

235. Grassi, G. B., *Il dettato del siciliano antico: la sua trascrizione e gli studi glottologici e fonologici.* Palermo, Virzì, 1910. 30 p.

236. Gregorio, Antonio de, *Aggiunte ai lessici siciliani del A. de Gregorio. Sgi.* VIII (1928), 145-176.

    ——————————, *Aggiunte. . . ZfrPh* XLIX (1929), 524-528.

237. Gregorio, Giacomo de, *Ancora per il principio della varietà di origine dei dialetti gallo-italici in Sicilia:* (a) *Raccolta di voci sanfratellane speciali o carateristiche.* (b) *Eruzzoli di voci piazzesi e nicosiane.* (c) *Poesia nicosiana colla traduzione in sanfratellano.* (d) *Sulla pretesa origine novarese volmaggina: controreplica al rig. G. Salvioni con lettera di G. Pitré. Sgi* II (1901), 247-301.

238. Gregorio, Giacomo de, *Appunti di fonologia siciliana, pt. I.* Palermo, Amenta, 1886. 32 p.

229. Gregorio, Giacomo de, *Contributi alla etimologia e lessicografia romanza con ispeciale considerazione ai vernacoli siciliani. Sgi* I (1899), 1-202.

240. Gregorio, Giacomo de, *Contributi al lessico etimologico romanzo con particolare considerazione al dialetto e ai subdialetti siciliani. Sgi* VII (1920), xxxiii-462.

241. Gregorio, Giacomo de, *Saggio di fonetica siciliana pel Dr. G. de Gregorio.* Palermo, Amenta, 1890. (1) 4-138 (1) p.

242. Gregorio, Giacomo de, *Sulla varia origine dei dialetti gallo-italici di Sicilia, con osservazioni sui pedemontani e gli emiliani.* Palermo, tip. "Lo Statuto, 1897. 52 p.

243. Gregory I, the Great, Saint, pope, ca. 540-604. . . . *Lu libru de lu Dialogu de Sanctu Gregoriu, lu quali si è traslatatu da gramatica in vulgari per frati Iohanni Campulu de Missina. . .* (1337-1343). *Codice V. E. della Nazionale di Roma,* XX. *Introduzione, prospetto grammaticale e glossario.* Palermo, "Boccone del povero," 1913. lxxxi-264 p. *Documenti per servire alla storia di Sicilia,* XI (serie IV).

244. Lagusi, V., *Erbuario italo-siciliano.* Napoli, 1742.

245. La Rosa, R., *Allotropi siciliani secondo la forma della zona dialettale notigiana. Sgi* IV, (1907), 241-312.

246. Marinelli, Olinto, *Termini geografici dialettali raccolti in Sicilia. RGI* VI (1899), 606-620.

247. Maugeri-Zangàra, Vincenzo, *Senilia: la rinascenza ellenica in*

Sicilia; Dafni: dialetto siciliano. Catania, Giannotta, 1890. 80 p.

248. Meli, Giovanni, *Poesie siciliane di G. M. (Osservazioni grammaticali della lingua siciliana.).* Palermo, A. Santoro, 1847. 344 p.

249. Millardet, Georges, *Études siciliennes; recherches expérimentales et historiques sur les articulations linguales en sicilien. Homenaje ofrecido a Menéndez Pidal,* I (1925), 713-757. Madrid.

250. Mortillaro, Vincenzo, *Dizionario geografico statistico siciliano-italiano-latino dell'isola di Sicilia e delle sue adiacenze.* Palermo, Oretea, 1847. 160 p.

    —————————, II edizione. Palermo, Pensante, 1850. 32 p.

251. Mortillaro, Vincenzo, *Nuovo dizionario Siciliano-Italiano compilato da una società di persone di lettere .... Palermo, tip. del Giornale Letterario,* 1838-1844.

    —————————, II edizione. Palermo, Pensante, 1853. 976 p.

    —————————, III edizione. Palermo, 1862.

252. Nicotra, D'Urso Edoardo, *Nuovissimo dizionario siciliano-italiano contenente le voci e le frasi siciliane dissimili dalle italiane con prefazione di Luigi Capuana.* Catania, "La Siciliana," 1914. vi-404 p.

    —————————, *Nuovissimo...* Catania, Giannotta, 1922.

253. Nicotra, Vincenzo, *Dizionario siciliano-italiano.* Catania, tip. Bellini, 1883. 926 p.

254. Nicotra, Vincenzo, *Manualetto dialettale contenente quelle voci e frasi siciliane che nella forma si scostano dalla lingua comune italiana.* Catania, Galati, 1891. 255 p.

    —————————, II edizione. Catania, Battiato, 1893.

255. Orlando, Michele, *Gli accorcitivi dei nomi propri di persona nel dialetto siciliano, con riferimento a quelli toscani.* Palermo, L'Attualità, 1914. 20 p.

256. Pasqualino, Michele, *Vocabolario Siciliano etimologico, Italiano e Latino.* Palermo, Dalla Reale Stamp., 1785-95.

257. Pecorella, Giusto, *Vocabolario numerico siciliano-italiano per la interpretazione de'sogni per uso de'giocatori al R. Lotto ...* Palermo, tip. e Legatoria Clamis e Roberti, 1856.

258. Perez, Giuseppe, *Vocabolario Siciliano-Italiano attenente a cose domestiche, a parecchie arti e ad alcuni mestieri di Gius. Perez.* Palermo, Stabilimento Tip. di Francesco Lao, 1870.

259. Piazza, Giuseppe, *Vocabolario botanico italiano-siciliano e vice versa, ad uso delle scuole secondarie della Sicilia.* Nicosia, Unione tip., 1902. 53 p.

260. Pitré, G., *Glossario (di voci siciliane meno intelligibili a'non siciliani), contenuto nel tomo IV (p. 299-362) della Biblioteca delle Tradizioni Popolari Siciliane.* Palermo, Pedone-Lauriel, 1875.

261. Pitrè G., *Supplemento ai dizionari siciliani. Sgi* VIII (1928), 1-119.

262. Pitrè, G., *Voci siciliane alterate per etimologia popolare. Sgi* IV (1907), 207-210.

263. Revelli, Paolo, *Contributo alla terminologia geografica siciliana. RGI* XV (1907), 344-353.

264. Rocca, Sacerd. Rosario, *Dizionario Siciliano-Italiano, compilato su quello del Pasqualino, con aggiunte e correzioni per opera del Sacerd. Rosario Rocca da Aci-Reale.* Catania, per Pietro Giuntini, 1839.

265. Rocca, Sacerd. Rosario, *Manuale Siciliano-Italiano-Francese-Latino.* Palermo, 1829.

266. Romano, Francesco, *Come si dice?: piccola vocabolario siciliano-italiano ad uso delle scuole elementari e delle famiglie.* Palermo, Reber, 1913. 42 p.

267. Romano, Salvatore, *Voci e maniere di dire siciliane-italiane adoperate negli usi domestici, nelle arti e nei mestieri per S. R.* ... Palermo, Remo Sandron e Fratello Editori, 1873.

268. Ruffo, Giordano, *Il codice de Cruyllis-Spatafora in antico siciliano, del sec. XIV., contenente la Mascalcia di G. R.* (Edited by Giacomo de Gregorio.) *ZfrPh* XXIX (1905), 566-606.

269. Saitta, Emanuele, *Pesci e molluschi dei mari della Sicilia con aggiunte dei più comuni crostacei ed altri animali d'acqua salsa; vocabolario siciliano-italiano e italiano-siciliano.* Messina, De Giorgio, 1902. 99 p.

270. Salomone-Marino, Salvatore, *La Baronessa di Carini leggenda storica popolare del sec. XVI in poesia siciliana con discorso e note di Salvatore Salomone-Marino.* Palermo, tip. del Giornale di Sicilia, 1870.

271. Salvioni, Carlo, *Ancora dei gallo-italici di Sicilia; replica al signor G. de Gregorio. Romania* XXVIII (1899), 409-420.

272. Salvioni, Carlo, *Spigolature siciliane. RIL* XL (serie II) (1907-1908), 1046-1063, 1106-1123, 1143-1160; XLI, 880-898; XLIII, 609-651. Milano.

273. Salvioni, Carlo, and others, *Zu sizilianische Gebete, Beschwörungen und Rezepte in griechischer Umschrift.* (Notes by C. Salvioni, Jul. Subak, and Heinrich Schneegans, on the work by Schneegans). *ZfrPh* XXXIII (1909), 323-338. See 277 below.

274. Sanesi, Ireneo, *Il toscaneggiamento della poesia siciliana. Giornale storico della litteratura italiana* XXXIV (1899), 354-367. Torino.

275. Scanduti, Rosario, *Dizionario tascabile familiare siciliano-italiano.* Palermo, 1840.

276. Schneegans, Heinrich, *Laute und lautentwicklung des sicilianischen dialektes, nebst einer mundartenkarte und aus dem volksmunde gesammelten sprachproben....* Strassburg, K. J. Trübner, 1888. 199 p.

277. Schneegans, Heinrich, *Sizilianische Gebete, Beschwörungen und Rezepte in griechischer Umschrift. ZfrPh* XXXII (1908), 571-594.

278. Scobar, L. Cristoforo, *Vocabolarium Nebrissense ex Siciliensi sermone in latinum L. C. Schobere Bethico Interprete traductum.* Venezia, Bernardino Benaglio, 1519-1520.

279. Sgroi, Carm., *Corrado Avolio (Dialettologo, demopsicologo e glottologo siciliano).* Noto, Di Giovanni, 1927. 52 p.

280. Spinoso, G. B., *Elementi grammaticali delle lingue siciliana, italiana, francese, latina. Pt. I.* Palermo, Solli, 1851.

281. Storaci, Sebastiano Macaluso, *Nuovo vocabolario siciliano-italiano e italiano-siciliano.* Siracusa, tip. Norcia Andrea, 1875. 44-352 p.

282. Storaci, Sebastiano Macaluso, *Saggio di nomenclatura siciliana-italiana proposto agli alunni delle scuole elementari maschili e femminili diurne e serali della provincia di Siracusa.* Siracusa, Miuccio, 1872. 132 p.

————————, III edizione. Siracusa, Norcia, 1876. 144 p.

283. Traina, Antonino, *Esercizi grammaticali contro gli errori provenienti dal dialetto.* Palermo, Pedone-Lauriel, 1874.

284. Traina, Antonino, *Nomenclatura siciliana-italiana, ad uso delle*

scuole elementari. Caltanissetta, tip. dell'Ospizio di Beneficenza, 1873. viii-85 p.

285. Traina, Antonino, *Nuovo vocabol. siciliano-italiano*. Palermo, 1868.

　　——————————, II edizione. Palermo, 1890. xiv-1159.

286. Traina, Antonino, *Vocabolarietto delle voci siciliane*. . . Torino, Rome, ecc., 1877.

287. Ventimiglia, L., *Nomenclatura siciliana dei vegetali erbacei più comuni*. Palermo, Lorenzo di Cristina, 1903. 62 p.

　　——————————, II edizione. Palermo, 1906.

288. Vinci, Joseph, *Etymologicum Siculum auctore Joseph Vinci Protopapa Graecorum ecc. S. P. Q. M. dicatum*. Messanae, Ex Regia Typographia Francisci Gaipa, 1759.

289. *Vocabolario domestico classificato della lingua siciliana con la corrispondenza italiana, francese (scritta e pronunziata) e latina*. Catania, tip. del Reale Ospizio di Beneficenza, 1851.

290. Wentrup, (—), *Beiträge zur Kenntniss des Sicilianischen Dialektes*. I, *Theil. programm des Gymnasiums zu Rossleben. Herrig's Archiv. f. d. Studium der neuren Spr.* LXIV, 114.

　　——————————, *Beiträge* . . . *Lit. Bl. f. germ. u. rom. P.* I (1880), 384-436.

a. *BIVONIA:*

291. Gregorio, Giacomo de, *Particolarità del subdialetto di Bivona (Sicilia)*. *RLR* V. (1929).

b. *CALTAGINORESE:*

292. Cremona, Antonino, *Fonetica del caltaginorese, con riguardi alle principali parlate del siciliano*. Palermo, Reber, 1896.

c. *GIRGENTINO:*

293. Pirandello, Luigi, *Laute und lautentwichlung der mundart von Girgenti*. Halle, A. S. druck der Buchdrucherei des Waisenhauses, 1891. 4-52 p.

294. Valla, Nicolaus, *Vallilium. Impressum Florentiae anno Domini MCCCCC, decimo quarto Cal. Junii*. With: *Vocabolario girgentino-latino*.

d. *MARSALESE:*

295. Struppa, Salvatore, *Voci della parlata marsalese che differen-*

ziano di significato e di forma da quelle del Saggio del sig. Gioeni. Arch. Stor. Sicil. XVI (1892), 462-469.

e. *MESSINA:*

296. Gabotto, Ferdinando, *Inventarî messinesi inediti del quattrocento.* Catania, Giannotta, 1907. 68 p. Estratto dall' *Arch. Stor. Sicilia Orient.* III, IV.

f. *MODICANO:*

297. Assenza, Vincenzo, *Dizionario botanico dialettale-italiano-scientifico della maggior parte delle piante spontanee, coltivate ed ornamentali della contea di Modica.* Tipo-Litografia "Unione," 1923. 223 p. Coll'indice dei nomi vernacoli (p. 11-27).

298. Assenza, Vincenzo, *Dizionarietto vernacolo-italiano ed italiano-vernacolo-botanico della maggiore parte delle piante spontanee e coltivate che crescono nella compagna di Modica e di Scioli (Siracusa),* Terranova, 1894.

g. *NICOSIA:*

299. Amalfi, Gaetano, *Nicosia e il suo dialetto.* Napoli, Priore, 1907. 51-430 p.

h. *NOTO:*

300. Avolio, Corrado, *Canti Popolari di Noto, studii e raccolta di C. Avolio.* Noto, Zammit, 1875. Contains a *Saggio d'una tavola comparativa del sotto-dialetto di Noto. . .*

i. *PALERMO:*

301. Calvaruso, G. M., *'U bacca 'ghiu; dizionario comparativo etimologico del gergo parlato dai bassifondi palermitani.* Catania, F. Guaitolini, 1929.

302. Natoli, Luigi (Maurus Galt Villiam), *Esercizi di traduzione dai dialetti della Sicilia: Palermitano.* Firenze, Bemporad, 1925.

j. *PIAZZESE:*

303. Roccella, Remigio, *Vocabolario della lingua parlata in Piazza-armerina.* Caltagirone, Mantelli, 1875.

k. *SANFRATELLESE:*

304. Gregorio, Giacomo di, *Affinità del dialetto di S. Fratello con quelli dell'Emilia.* Torino, Loescher, 1886. 16 p.

l. *SCIACCA:*

305. Scaturro, Ignazio, *Storia della città di Sciacca e dei comuni del-*

la contrada saccense fra il Belice e il Platani con aggiunzioni circa il dialetto e i nomi propri greci e arabi a cura di mons. Giuseppe Sacco. Napoli, Majo, 1924, 1926.

m. *TERGESTINO:*

306. Goidanich, Pietro Gabr., *Intorno alle reliquie del dialetto tergestino-muglisano.* Padova, Prosperini, 1904. 16 p.

n. *TRAPANESE:*

307. Giacalone, Patti Alb., *I verbi italiani fatti coniugare a scuola mediante il vernacolo trapanese.* Quadernetto I e II edizione. Trapani, a spese dell'autore, 1887. 91 p.

C. *CALABRESE*

308. Alessio, G., *Il sostrato latino nel lessico e nell'epotoponomastica della Calabria meridionale.* ITd X (1934), 111-190.

309. Ammirà, Vincenzo, *Poesie dialettali calabresi.* Vibo Valentia, Froggio, 1929. 146 p.

310. Autieri, Biagio, *Versi in dialetto calabro e saggio di traduzione da Fedro.* Cantanzaro, Mauro, 1929. 41 p.

311. Barletta, Pasquale, *Leggi e documenti antichi relativi alla Sila di Calabria.* Torino, 1864. In fine: *Saggio di vocaboli e diciture calabresi usate nelle scritte e nelle versificazioni della Sila, col loro significato.*

312. Bible. *New Testament. Gospels. Matthew.: Il Vangelo di S. Matteo, volgarizzato in dialetto calabrese cosentino di R. Lucente. Con alcune osservazioni sul permutamento delle vocali e de'dittongni calabri del principe.* Londra, (private printing), 1862. 126 p.

313. Cedraro, Teodoro, *Ricerche etimologiche su mille voci e frasi del dialetto Calabro-lucano.* Napoli, De Bonis, 1885. 153 p.

314. Chiaro, Stanislao di, *Dante e la Calabria; studio di S. de Chiaro . . .* Cosenza, Aprea, 1894. 9-126 p. Contains: *I luoghi della Calabria citati da Dante, ecc. . .*

315. Cotronei, Raffaele, *Vocabolario calabro-italiano.* Catanzaro, tip. del giornale il "Sud," 1895. 144 p.

316. D'Andrea, Antonio, *Saggio di nomenclatura calabro-italiana ad uso delle scuole elementari di Calabria Citeriore.* Cosenza, Riccio, 1886.

—————————, II edizione. Cosenza, Aprea, 1890.

317. De Cristo, Dominico, *Vocabolario calabro-italiano.* Napoli, tip. di Michele D'Auria, 1898. 194 p.

a. *APRIGLIANO:*

333. Accattatis, Luigi, *Vocabolario del dialetto calabrese (casalino-apriglianese) compilato da L. A. e diviso in due parte.* Pt. I: *Calabro-italiano;* II: *Italiano-calabro ossia indice delle voci italiane con gli equivalenti calabresi.* Castrovillari, Patitucci, 1895, 1897. xxxviii-869; 238 p.

b. *CASTROVILLARI:*

334. Pepe, Cristoforo, *Il popolo di Castrovillari ne'suoi usi, costumi, e dialetti. Memorie Storiche di Castrovillari.* Castrovillari, tip. del Calabrese, 1880. 356-405 p.

c. *CATANZARO:*

335. Lombardi, Luigi, *Prontuario calabro-italiano dei nomi degli oggetti più comuni della casa, ecc.* Catanzaro, tip. della Prefettura, 1873.

d. *COSENTINO:*

336. Dorsa, Vincenzo, *La tradizione greco-latina nei dialetti della Calabria Citeriore.* Cosenza, Migliaccio, 1876. 63 p. Descrizione dei parlari della provincia di Cosenza. (p. 3-27), Catalogo di parole (p. 27-63).

337. Gentili, Angelo, *Fonetica del dialetto cosentino: studi e ricerche.* Milano, Bernardoni, 1897. 58 p.

e. *FRANCA-VILLESE:*

338. Argentina, N., *Il dialetto franca-villese. Rivista storica salentia* V, 5-6, (1910).

339. Ribezzo, Francesco, *Il dialetto apulo-salentino di Franca-villa Fontana.* Martina Franca, Casa editrice "Apulia," 1911-. 1-48 p., and later sheets. Issued in sheets with successive numbers of the journal "Apulia."

f. *MARCELINARA:*

340. Scerbo, Francesco, *Sul dialetto calabro: studio.* Firenze, Loescher e Seeber, 1886. xii-164 p. Con *Dizionario* (p. 71-159).

g. *MONTELEONE:*

341. Galasso, Lorenzo, *Saggio d'un vocabolario Calabro-Italiano ad uso delle scuole.* Laureana di Borrello, 1924. xii-459 p.

h. *MORANESE:*

342. Severini, Vincenzo, *Prontuario moranese-italiano ed italiano-moranese di 400 vocaboli di cose domestiche, scienze, arti e mestieri.* Castrovillari, tip. del Calabrese, 1880. 39 p.

318. De Pasquale, Luigi, *Studio calabro-comparativo*. F
sen, 1892. 24 p.

319. Gliozzi, Ettore, *Il parlare calabrese e italiano, co
ualetto per l'insegnamento della lingua nelle]
bresi. Con saggi dialettali e vocabolarietto*. Tor
internazionale, 1923. 118 p.

320. Gliozzi, Ettore, *Su' Calavrisi: libro per gli esercizi
dal dialetto nelle scuole elementari della Cal(
soc. edit. internazionale, 1924. 18, 282, 82 p.

321. Gregorio, Giacomo de, *La grecità del dialetto cal(
(1930), 36.

322. Longo, Vincenzo, *Postille e correzioni al'Dizionar
delle tre Calabrie di G. Rohlfs*. ITd XI (1
————————, *Postille*. . . ZfrPh LVI (19

323. Marzano, Giovanni Battista, *Dizionario etimologico
calabrese*. Laureana di Borello, "Il Progresso,"
468 p.

324. Mujà, Francesco, *Vocabolario calabro-mammolese-i
tinato alla gioventù per apprendere più facilmen
e per scrivere con proprietà italiano*. Reggio, S

325. Pagano, Leopoldo, *Lingue e dialetti di Calabria do
Studi filologici*. PR XII (6. Nov.-Dic. 1879), 31

326. Pagano, Leopoldo, *Vocabolario calabro-italiano*. Cos

327. Rohlfs, Gerhard, *Der Stand der Mundartenforschun{
italien (bis zum Jahre 1923)*. RLR I (1925).

328. Rohlfs, Gerhard, *Dizionario dialettale delle tre Calabr
etimologiche e un'introduzione sulla storia dei d
bresi*. Halle, Niemeyer, 1932-38.

329. Rohlfs, Gerhard, . . . *Griechen und Romanen in U
ein Beitrag zur Geschichte der unteritalienische
von Dr. Gerhard Rohlfs*. . . Genève, L. S. Ols
viii-177 p.

330. Rolla, Pietro, *Topononimia calabrese con una appendi(
Casale, Carlo Cassone, 1895. 71 p.

331. Romani, Fedele, *Calabresismi*. Teramo, Fabbri, 189
————————, II edizione. Firenze, Bempo
115 p.

332. Sema, P., *Quatrici eddi*. . . *(Quadretti). Poesia Cal
traduzione a fianco*. Salerno, Di Giacomo, (1932)

i. *REGGIO-CALABRIA:*

343. Borelli, Adelia, *Provincialismi di Reggio Calabria.* Reggio Calabria, Morello, 1919. 23 p.

344. Longa, Vincenzo, *Il sostrato ètnico della parlata di Reggio Calabria.* ITd IX (1933), 25-26.

345. Malara, Giovanni, *Vocabolario dialettale calabro-reggino-italiano* . . . Reggio Calabria, Calabrò, 1909. xx-496 p.

346. Mandalari, Mario, *Canti del popolo reggino raccolti ed annotati da M. M., con prefazione di Alessandro D'Ancona, lessico delle parole più notevoli del dialetto, e scritto del Caix, Morosi, Imbriani, Pellegrini ed Arone.* Napoli, Morano, 1881. xxiv-428 p. Con *Lessico . . . del dialetto calabro-reggino . . .*

347. Morisani, Cesare, *Vocabolario del dialetto calabrese di Reggio di Calabria.* Reggio Calabria, Siclari, 1886.

348. Neto, Francesco, *Voci del dialetto calabro-reggino. La Zagara di Reggio Calabria* I.

D. SOUTH APULIA

349. De Romita, Vincenzo, *Avifauna pugliese: catalogo sistematico degli uccelli osservati in Puglia.* Bari, Cannone, 1884. 62 p. *Annuario Ist. Tecnico e Nautico di Bari* II, 1883.

350. Lucarelli, A., *Saggio sui ditterii pugliesi.* Bari, soc. tip. Pugliese, 1923. xvi-200 p. Con *Glossario delle parole di più difficile intendimento.*

351. Mancini, Luigi, *Intorno ad alcuni vocaboli e modi di dire derivanti dai dialetti pugliesi.* Faenza, Conti, 1877. 112 p.

352. Nocera, Antonio Giulio, *Esercizi di traduzione dai dialetti delle Puglie, Lecce e provincia.* Firenze, Bemporad, 1925. 20 p.

a. *LECCESE:*

353. Bernadini, Marzolla Antonio, *Saggio di un vocabolario domestico del dialetto leccese.* Lecce, Spacciante, 1889. 101 p.
——————————, II edizione. Lecce. 1893.

354. Ciaramella, Rosario, *Affinità tra il dialetto leccese ed il siciliano.* Lecce, La Modernissima, 1928. 10 p.

355. De Maria, Raffaele, *Vocabolarietto leccese-italiano, distributo per arti e mestieri.* Lecce, tip Garibaldi, 1874. 32 p.

357. Gorgoni, Giustiniano, *Lingua e dialetto: vocabolario agronomico.* Lecce, Spacciante, 1891. viii-515 p.

358. Morosi, G., *Il vocalismo lecchese*. *Agi* IV (2), 117-144.
    ——————————, *Il vocalismo* . . . *ZfrPh* II, 510.

359. Pepe, Vittorio, *Piccolo vocabolario metodico del dialetto della provincia di Lecce*. Brindisi, Mealli, 1896. 68 p.

b. *MAGLIE:*

360. De Domo, Orlando, *Voci del dialetto magliese*. "Lo Studente Magliese," 1884. 69-72 p.

361. Panareo, Salvatore, *Fonetica del dialetto di Maglie in Terra d'Otranto*. Milano, Rebeschini, 1903. 39 p.

c. *MARTINA FRANCA:*

362. Grassi, Giuseppe, *Il dialetto di Martina Franca. Pt. I: Fonetica*. Martina Franca, Aquaro e Dragonetti, 1925. 92 p.

    ——————————, *Il dialetto* . . . *ITd* III (1927), 286-293.

d. *OSTUNI:*

363. Nobile, T., e Nacci, F., *L'anima del popolo ostunese nella poesia di P. Pignatelli*. Ostuni, 1924. Con *Vocabolarietto delle più difficili voci dialettali* (p. i-viii).

e. *OTRANTO:*

364. Ippolito, Francesco d', *Dizionario vernacolo-tecnico ossia il linguaggio de'dialetti della provincia di Terra d'Otranto in confronto della lingua nazionale*. Taranto, Parodi, 1890. 1-64 p.

365. Lefons, Pasquale, and others, compilers, *Materiali lessicali e folkloristici greco-otrantini. Studi bizantini e neoellenici* III (1931), 105-149. Roma.

f. *SALENTINA:*

366. Costa, Giuseppe, *Fauna salentina ossia enumerazione di tutti gli animali che trovansi nelle diverse contrade della prov. di Terra d'Otranto e nelle acque dei due mari che la bagnano contenente la descrizione dei nuovi o poco esattamente conosciuti del Dott. G. C. Collana di Scrittori di Terra d'Otranto* XXI, XXII. Lecce, tip. edit. Salentina, 1871. 624 p.

367. Marinosci, Martino, *Flora salentina compilata dal dottore M. M. da Martino*. Lecce, tip. edit. Salentina, 1870. 294, xl-271 p.

g. *TARANTO:*

368. Subak, J., *Das Zeitwort in der Mundart von Tarent*. *Cu* XIX (5), 1901.

369. Vincentiis, Domenico L. de, *Vocabolario dialetto tarantino* ...
Taranto, Latronico, 1872. 319 p.

II B. SECOND GROUP OF CENTRAL AND SOUTHERN DIALECTS

A. NORTHERN APULIA

a. *ANDRIESE:*

370. Cotugno, Riccardo, *Lessico dialettale andriese-italiano.* Andria, Rossignoli, 1909. 134 p.

371. Merlo, Clemente, *Lessico etimologico del dialetto di Andria.* Martina Franca, Casa Editrice "Apulia," 1911 -. v-xlviii p., 1-4 & later sheets. Issued in sheets with successive numbers of the journal "Apulia."

372. Zagaria, Riccardo, *Folclore andriese, con monumenti del dialetto di Andria.* Martina Franca, Casa Editrice "Apulia," 1913. 140 p.

b. *BARESE:*

373. Abbatescianni, Giovanni, *Fonologia del dialetto barese: studi e ricerche.* Bari-Giovinazzo, Avellino, 1896. 70 p.

374. De Santi, Giuseppe, *Saggio di vocabolario barese-italiano.* Bari, Cannone, 1857.

375. Lopez, Davide, *Canti baresi.* Bari, Laterza, 1915. 171 p. Con *Glossario* (p. 157-167).

376. Merlo, Clemente, *Il vocalismo tonico del dialetto di Carbonara di Bari. ITd* II (1926),85-99.

377. Nitti, Francesco, *Il dialetto di Bari. (Appunti morfologici.)* "Apulia" I (1910).

378. Nitti, Francesco, *Il dialetto di Bari. Pt. I: Vocalismo moderno.* Milano, Bernardoni, 1896. 16 p.

379. Zonno, G. *Istruzione popolare di nomenclatura barese italiana.* Bari, Pansini, 1892. 98 p.

c. *BARLETTANO:*

380. Bruni, Achille, *Descrizione botanica delle compagne di Barletta.* Napoli, tip. Flautina, 1857. 216 p.

d. *BISCEGLIE:*

381. Cocola, Francesco, *Vocabolario dialettale, biscegliese, italiano. Con note filologiche delle voce di difficile interpretazione.* Travi, tip. edit. Paganelli, 1925. 227 p.

e. *BITONTO:*

382. Merlo, Clemente, *Note fonetiche sul parlare di Bitonto.* Reale accad. delle sci. di Torino. Atti XLVII (1912), 907-932.

383. Seracino, Giacomo, *Lessico dialettale bitontino-italiano.* Molfetta, De Bari, 1901. 136 p.

f. *CAPITANATA:*

384. Melillo, Giacomo, *Note lessicali sui dialetti della Capitanata e dell'Irpinia.* Avellino, Pergola, 1927. 11 p.

g. *CERIGNOLA:*

385. Zingarelli, Nicola, *Il dialetto di Cerignola. Agi* XV (1901), 83-96, 226-235.

h. *FOGGIA:*

386. Melillo, Giacomo, *La pesca nel Lago di Varano in quel di Foggia. ITd* I (1924), 252-266.

387. Villani, Carlo, *Vocabolario domestico del dialetto foggiano.* Napoli, Stab. Industrie Editrice Meridionali, 1929. 101 p.

388. Villani, Ferdinando, *Saggio di vocabolario familiare compilato per F. V. da Foggia.* Napoli, Borel e Bompard, 1841. 33 p.

i. *GARGANO:*

389. Melillo, Giacomo, *I dialetti del Gargano: saggio fonetico.* Pisa, Simoncini, 1926. 106 p.

390. Tancredi, Giovanni, *Vocabolarietto dialettale garganico con prefaz. dell'avv. Filippo Ungaro.* Ischitella, Agricola, 1910. xi-45 p.
——————————, II edizione. Lucera, Pesce, 1913. 66 p.
——————————, III edizione. Lucera, Pesce, 1915. 73 p.

j. *MANFREDONIA:*

391. Pascale, Luigi, *Il dialetto mafredoniano ossia Dizionario dei vocaboli usati dal popolo di Manfredonia con l'esplicazione del significato di essi.* Roma, tip. Concordia, (1918). 133 p.
——————————, *Il dialetto* . . . Firenze, Conti, 1931.

k. *MOLFETTANO:*

392. Merlo, Clemente, *Della vocale "a" preceduta o seguita da consonante nasale nel dialetto di Molfetta.* Milano, Hoepli, 1917. 47 p.

393. Merlo, Clemente, *L'articolo determinativo nel dialetto di Mol-*

fetta: proposta di aggiunte ai ... §§ 336-352, 383-384 *della Italienische Grammatik di Meyer-Lübke.* Perugia, Unione tip. coop., 1917. 48 p.

394. Scardigno, Rosaria. *Lessico dialettale molfettese-italiano.* Molfetta, De Bari, 1903. 174 p.

l. *RUBASTINO:*

395. Di Terlizzi, Bartolo, *Lessico rubastino-italiano. Estratto dall'opera completa di oltre 15 mila vocaboli.* Ruvo di Puglia, tip. Speranza e De Rosellis, 1930. 147 p.

m. *TORITTO:*

396. Centrelli, Pietro, *Fonetica del dialetto di Toritto in Terra di Bari. Pt. II: Vocalismo.* Bari, Trizio, 1913. 12 p.

397. Melillo, Giacomo, *Il dialetto di Volturino (Foggia): saggio fonetico-morfologico.* Perugia, Unione tip. coop., 1920. 83 p.

B. LUCANIA

a. *BASILICATA:*

398. Forti, Giulia, *Saggio sui provincialismi della Basilicata.* Roma, Botta, 1889. 88 p.

399. Racioppi, Giacomo, *Storia dei popoli della Lucania e della Basilicata.* Roma, Loescher, 1902. Raccolta di parole basilicatesi: II, 500-513 p.

400. Salvio, Alfonso de, *Studies in the dialect of Basilicata.* PMLA (new series) XXIII (1915), 788-820.

401. Solimena, Vincenzo, *Ricerche linguistiche sul dialetto basilicatese.* Rionero, Ercolani, 1888. 29 p.

b. *FANESE:*

402. Montanari, Antonio, *Il dialetto fanese all'esposizione regionale di Macerata.* Fano, tip. Artigianelli, 1905. 25 p.

C. COMPANIA

403. Merlo, Clemente, *Lingue e dialetti della Compania, Basilicata e delle Calabrie.* Milano, *Guida d'Italia del Touring Club Ital.,* 1928. 4 p.

404. Nicolini, Fausto, *Esercizi di traduzione dai dialetti della Compania: Napoletano.* Firenze, Bemporad, 1925.

405. Nuzzo, E., *La lingua italiana nella Compania. Errori e correzioni, pt. I: Fonologia, pt. II, III, e IV: Morfologia, Sintassi e Stilistica.* Salerno, Fruscione, 1911.

a. *AVELLINO:*

406. De Maria, Felice, *Dizionarietto dialettale-italiano della provincia di Avellino e paesi limitrofi per le scuole elementari.* Avellino, Pergola, 1908. viii-165 p.

b. *BENEVENTANO:*

407. Grella, Francesco Saverio, *Vocabolario dialetto irpino, beneventano, napoletano.* Benevento, 1904.

c. *CILENTAN:*

408. Ondis, Lewis Amedeus, *Phonology of the Cilentan dialect, with a word index and dialect texts.* IFS (1932), 128.

409. Piantieri, Federico, *Del Cilento e del suo dialetto: lettera.* Bologna, 1869.

410. Rohlfs, Gerhard, *Mundarten und Griechentum des Cilento.* ZfrPh LVII (1937), 421-461.

d. *IRPINO:*

411. Melillo, Giacomo, *Gli esiti della vibrante "L" in alcuni dialetti irpini.* Avellino, Pergola, 1926. 13 p.

412. Melillo, Giacomo, *Note lessicali sui dialetti della Capitanata e dell'Irpinia.* Avellino, Pergola, 1927. 11 p.

413. Melillo, Giacomo, *Vendemmia e vinificazione nell'Irpina.* ITd III (1927), 158-178.

414. Salvio, Alfonso de, *Studies in the Irpino Dialect.* RR IV (1913), 352-380.

e. *ISCHIA:*

415. Freund, Ilse Rose, *Beiträge sur Mundart von Ischia . . . von Ilse Freund . . .* Borna-Leipzig, R. Noske, 1933. 97 p.

f. *MONTELLANO:*

416. Capone, Giulio, *Noterelle etimologiche. Edizione di LX esemplari per ordine numerati.* Napoli, Priore, 1892. 37 p. Estratto dal *Giambattista Vico* VIII.

417. Marano Festa, Olga, *Il dialetto irpino di Montella: appunti lessicali.* ITd IV (1928), 168-185.

——————————, *Il dialetto . . .* ITd V (1929), 95-128.

——————————, *Il dialetto . . . con annotazioni etimologiche di Clemente Merlo e S. Pieri.* ITd VIII (1932), 87-116.

——————————, *Il dialetto . . . con annotazioni etimologiche di Clemente Merlo e S. Pieri.* ITd IX (1933), 172-202.

g. *NAPOLETANO:*

418. Alfonso, Maria (S.) de Liguori, *Canzone di Natale nel testo*

originale in dialetto napoletano con traduzione italiana e introduzione di Adriano Bartoloni. Firenze, tip. Arcivescovile, 1927. 22 p.

419. Alighieri, Dante, *La Divina Commedia tradotta in dialetto napolitano da Dom. Jaccarino*. Napoli, tip. dell'Unione, 1866-70.

420. Altavilla, Raffaele, *Nomenclatura metodica italo-neapolitana ad uso delle scuole elementari maschili e femminili*. Napoli, 1882.

422. Ammirante, Raffaele, *Lo studio del dialetto napoletano ed i principali cultori di esso*. Napoli, 1870.

423. Andreoli, Raffaele, *Vocabolario napoletano-italiano*. Torino, Paravia, (1887). 12-805 p.

424. Bible, *New Testament. Gospels. Matthew. Il Vangelo di S. Matteo, volgarizzato in dialetto napoletano, da un letterato della città di Napoli*. Ed. by L. L. Bonaparte. Londra, (private printing), 1861. 130 p.

425. Boccaccio, Giovanni, *La Pistola in dialetto napoletano, con versione italiana, note e prefazione di Rob. Guiscardi*. Napoli, Pacilli, 1886. 42 p.

426. Cammarano, Goffredo, *Dialetto e lingua; nuovi schizzi dettati ad esercizio di traduzione (dal dialetto napoletano), per le scuole elementari, tecniche e ginnasiali, con le voci e le frasi più notevoli volte in italiano*. Napoli, tip. R. Pesole, 1901, 64 p.

427. Capasso, Bartholomaei, *Monumenta ad neapolitani ducatus historiam pertinentia*. Napoli, Giannini, 1892. *Glossarium*: (p. 315-21).

428. Capozzoli, Raffaele, *Grammatica del dialetto napoletano, compilata dal Dottore R. Capozzoli*. Napoli, L. Chiurazzi, 1889. 224 p.

429. Carfora, Lelio, *Dizionario da tasca napolitano e toscano . . .* Napoli, Stamperia del Fibreno, 1846.

430. Casilli, Abate Aniello, *Nuovo Vocabolario domestico in quattro lingue napolitana, italiana, francese e latina . . .* Napoli, tip. di Vincenzo Marchese, 1861.

431. Casilli, Abate Aniello, *Vocabolarietto domestico in quattro lingue napolitana, italiana, francese e latina . . . aggiuntavi la pronunzia delle parole francesi e di quelle latine ecc. . . .* Napoli, Regina, 1899. 65 p.

432. Caso, Vincenzo, *Dizionaretto tascabile napolitano-italiano.* Napoli, 1896.

433. Ceraso, Gaetano, *Vocabolario napoletano-italiano e dizionarietto dei sinonimi ad uso delle classi elementari.* Portici, Spedaliere, 1905. 120 p.
——————————, II edizione. Portici, Caramiello, 1906. 185 p.
——————————, III edizione. Torino, G. B. Paravia & Co., 1910. 230 p.

434. Chiurazzi, Luigi, *Smorfia napoletana ove si trova una gran lista generale di ogni specie di cose appartenenti al giuoco del lotto espote in dialetto napoletano ecc.* Napoli, Chiurazzi, 1876. 256 p.

435. Contursi, Dominico, *Dizionario domestico preceduto da varii esercizii pratici di lingua ordinati per categorie ad uso delle scuole elementari dal professore sac. D. C.* Napoli, tip. delgi Accattoncelli, 1867. 108 p.
——————————, II edizione. Napoli, Marchese, 1868. 128 p.
——————————, III edizione. Napoli, Marchese, 1872.

436. Contursi, Dominico, *La Nomenclatura infantile con un Esercizio Lessicografico Napolitano-Italiano ecc. . . .* Napoli, Marchese, 1870. 18 p.
——————————, II edizione. Napoli, Gabriele Sarracino, 1874.

437. Contursi, Dominico, *La Nomenclatura italo-napolitana . . .* III edizione. Napoli, Marchese, 1872.
——————————, IV edizione. Napoli, Morano, 1877. 177 p.
——————————, V edizione. Napoli, Morano, 1881. 208 p.
——————————, VI edizione. Napoli, Contursi, 1889. 224 p.

438. Costa, O. Gabriele, *Vocabolario zoologico comprendente le voci volgari con cui in Napoli e in altre contrade del Regno appellansi animali o parti di essi.* Napoli, Azzolini, 1846.

439. D'Ambra, Raffaele, *Istruzione popolare di nomenclatura dal volgare paesano nella lingua comune d'Italia a norma dei programmi ecc.* Napoli, Morano, 1875. xvi-120 p.

440. D'Ambra, Raffaele, *Nomenclatura napolitana ed italiana.* Napoli, 1875.

441. D'Ambra, Raffaele, *Vocabolario napolitano-toscano domestico di*

arte e mestieri del professore R. D'Ambra. Napoli, Chiurazzi, 1873. xi-551 p.

442. De Pizza, Tommaso, *La gara delle Muse*. Napoli, Langiano, 1747. 89 p. Con *lista di circa 200 voci napoletane spiegate* (Martorana, Notizie biogr. e bibliogr. 333-334, 412).

443. De Ritis, Vincenzo, *Vocabolario Napoletano Lessigrafico e Storico*. Napoli, Stamperia Reale, 1845. xxxx-404 p.; xvi-216 p.

444. Di Marco, Enrico, *Nomenclatura: esercizi muti applicati ai vocaboli siciliani-italiani-napolitani, ad uso della 3a e 4a elementare*. Palermo, Amenta, 1873. 40 p.

445. Domenico, Ferdinando di, *Nomenclatura napolitana ed italiana*. Napoli, Testa, 1873.

446. Domenico, Ferdinando di, *Vocabolario metodico, filologico, comparato del dialetto napolitano colla lingua italiana* ... Napoli, Marchese, 1905.

447. Domenico, Ferdinando di, *Vocabolario napolitano-italiano ad uso delle scuole del comune e della provincia di Napoli*. Napoli, Mirelli, (1922). 135 p.

448. Esposito, Armando, *Voci del Tirreno: esercizi di traduzione dal dialetto napoletano, ad uso della 3a e della 5a classe elementare*. Palermo, Sandron, 1925.

449. Galiani, Ferdinando, ... *Del dialetto napoletano, con introduzione e note di Fausto Nicolini*. Napoli, R. Ricciardi 1923. iv-318 p., *Biblioteca napoletana di storia letteratura ed arte VI*.

450. Galiani, Ferdinando, *Vocabolario delle parole del dialetto napoletano, ecc.* ... Napoli, Porcelli, 1789.

451. Gargano, Giuseppe, *Vocabolario domestico napolitano-italiano*. Naples, Pasca, 1841. x-145 p.

452. Giacomo, Salvatore de, *Poesie. Edizione definitiva con aggiunte, note e glossario*. Napoli, R. Ricciardi, 1927.

453. Greco, Antonio, *Nuovo dizionario napolitano-italiano* ... Napoli, Eschena, 1888. 286 & 147 p.

454. Greco, Dominico-Rugerio, *Nuovo Vocabolario domestico-italiano mnemosino o rimemorativo per aver in pronti e ricercare i termini dimenticati o ignorati* ... Napoli, Gabriele Rondinella, 1856.

————————, II edizione. Napoli, tip. del Commercio. 1859.

———————, III edizione, Napoli, Banchi Nuovi, 1863. xxiii-530 p.

455. Gusumpaur, Federico, *Vocabolario botanico napolitano con l'equivalente latino ed italiano.* Napoli, Chiurazzi, 1887. 104 p.

456. Gusumpaur, Federico, *Vocabolario ornitologico napolitano-italiano* ... Napoli, Testa, 1874. 28 p.

457. Laudicina, A., *Il primo libro per i fanciulli ossia nomenclatura ad uso delle scuole primarie* ... Napoli, de Angelis, 1869. 34 p.

458. Laudicina, A., *Nomenclatura domestica ad uso delle scuole primarie.* Napoli, Gargiulo, 1872. 60 p.

459. Macht, C., *Der neapolitanische Dialect theoretisch und practisch erläutert. Progr. der kgl. Studienanstalt zu Rof,* 1878, 28.

460. Manzo, Sacerdote Luigi, *Dizionario di nomenclatura domestica napoletana e toscana* ... Napoli, Marchese, 1859. 50 p.
———————, IV edizione. Napoli, Marchese, 1867. viii-64 p.
———————, V edizione. Napoli, Marchese, 1870. vi-66 p.
———————, VI edizione. Napoli, Partenopea, 1877.

461. Manzo, Sacerdote Luigi, *Dizionario domestico Napoletano e toscano* ... Napoli, Marchese, 1859. 50 p.
———————, II edizione. Napoli, Marchese 1864. 60 p.
———————, III edizione. Napoli, Marchese, 1865. 60 p.

462. Marulli, Giacomo e Livigni, Vincenzo, *Guida practica del dialetto napolitano.* Napoli, Partenopea, 1877. 72 p.

463. Mele, Carlo, *Saggio di nomenclatura famigliare col frequente riscontro delle voci napolitane alle italiane di C. M.* 1827. 40 p.

464. Mery, Guglielmo, *Avviamento alla nomenclatura: prontuario categorico di vocaboli italiani-napolitani illustrato da note e 120 incisioni, proposto alle scuole elementari ecc.* Napoli, 1878.

465. Molinaro Del Chiaro, Luigi, *Vocabolarietto onomatopeico.* Napoli, Priore, 1904. 25 p.

466. Mormile, Carlo, *I sonetti in lingua napoletana di Niccolò.* Capassi, Napoli, 1810. Con *lista di parole napoletane spiegate.*

467. *Nuovo Vocabolario tascabile del dialetto napoletano, comparato alla lingua italiano.* Napoli, Bideri tip., 1888. 88 p.

468. Padiglione, Giovanni Battista, *Nuovo dizionario napoletano-italiano.* Napoli, Eschena, 1890. 286 & 147 p.

469. Partenio, Tosco, *L'Eccelenza della Lingva Napoletana con la maggioranza alla Toscana* ... Napoli, per Nouello de Bonis Stampator Arciuescouale, 1662. Con licenza de' Sup. ad. istanza di Gio. Antonio Tarino.
————————————, *L'Eccellenza* ... Napoli, Castello e De Sanctis, 1754.

470. Pasquale, Giuseppe Antonio ed Avellino, Giulio, *Flora medica della Prov. di Napoli ossia descrizione delle piante medicinali.* Napoli, Azzolino, 1841. 200 p.

471. Pelaez, Mario, *Un nuovo testo dei Bagni di Pozzuoli in volgare napoletano.* Sr XIX (1928), 47-134. Con *Lessico*.

472. Petrus de Ebulo, *I bagni di Pozzuoli; Poemetto napolitano del sec. XIV. Con introduzione, note, appendice, e lessico,* (by Erasmo Percopo). Napoli, 1887.

473. Police, Gesualdo, *Elenco dei nomi dialettali dei principali pesci di mare e di acqua dolce del distretto pescareccio e del mercato di Napoli, col corrispondente nome scientifico.* Pavia, tip. Coop., 1912. 8 p.

474. Puoti, Basilio, *Vocabolario domestico napoletano e toscano compilato.* Napoli, tip. Simoniana, 1841. xvii-696 p.
————————————, II edizione. Napoli, Stamp. Del Vaglio, 1850. xv-692 p.

475. Rocco, Emmanuele e Gugni, Giacomo, *Il dialetto napoletano si deve scrivere come si parla: due discorsi.* Napoli, 1879.

476. Rocco, Emmanuele, *Propostina di correzioncelle al gran Vocabolario Domestico di Basilio Puoti.* Napoli, tip. dell' Aquila di V. Puzziello, 1844. 96 p.

477. Rocco, Emmanuele, *Vocabolario del dialetto napoletano.* Napoli, Ciao, 1882-1891. 680 p.

478. Rocco, Emmanuele, *Vocabolario domestico italiano per ordine di materie compendiato dai lavori di Carena, Guacci e Taranto, Melga, Fanfani, ecc.* Napoli, Morano, 1869. iv-280 p.

479. Rolla, Pietro, *Dallo Spicilegium di Giovanni Scoppa.* Casale Monferrato, Rossi e Lavagno, 1907. 69 p. Con *indici delle voci dialettali moderne* ...

480. Romanelli, Giuseppe, *Errori di lingua dell'uso dialettale napoletano.* Torino, Paravia, 1896. 53 p.

481. Romanelli, Giuseppe, *Errori di lingua dialettali napoletani, di altri dialetti e dell'uso moderno e la teorica dell'uso fiorentino: appunti ed osservazioni.* Napoli, Paravia, 1897. 102 p.

482. Russo, Ferdinando, *Esercizî di traduzione dal dialetto napoletano.* Lanciano, Carabba, 1928.

483. Savj-Lopez, Paolo, *Appunti di napoletano antico.* ZfrPh XXX (1906), 26-48.

484. Savj-Lopez, Paolo, *Studî d'antico napoletano.* ZfrPh XXIV (1900), 501-507.

485. Tancredi, Michele Angelo, *Saggio grammaticale sulla pronunzia e sull'ortografia del dialetto napoletano.* Napoli, Pierro. 1902. xi-70 p.
letto per Pietro Paolo Volpe. Napoli, G. Sarracino, 1869.
brevi osservazioni grammaticali appartenenti allo stesso dia-

486. Taranto, F e Guacci, C., *Vocabolario domestico italiano ad uso de'giovani ordinato per categoria* ... Napoli, Stamperia del Vaglio, 1849. xii-568 p.
———————————, II edizione. Napoli, Stamperia del Vaglio, 1851. xxxii-568 p.
———————————, III edizione, Napoli, Stamperia del Vaglio, 1856. xxxii-678 p.

487. Vaughan, Herbert H., *A brief study of the phonology of the Neapolitan dialect.* RR I (1910), 159-180.

488. *Vocabolario tascabile del dialetto napoletano comparato alla lingua italiana.* Napoli, De Angelis, 1875. 88 p.

489. Volpe, Pietro Paolo, *Vocabolario napolitano-italiano tascabile, compilato sui dizionarii antichi e moderni e preceduto da*

490. Wentrup, Friedrich, *Beiträge zur Kenntniss der neapolitanischen Mundart.* Wittenberg, 1855. 27 p.

491. Zinno, Donato, *A brief outline of foreign influences on the Neapolitan dialect.* RR XXIII (1932), 237-242.

h. *SANNIO:*

492. Nittoli, S. *Vocabolario di vari dialetti del Sannio.* Napoli, 1873, 1899.

i. *SORA:*

493. Merlo, Clemente, *Fonologia del dialetto di Sora.* Pisa, Mariotti, 1920. 282 p.

D. MOLISE

a. *AGNONE:*

494. Cremonese Giuseppe, *Vocabolario del dialetto agnonese*. Agnona, G. Bastone, 1893. 153 p.

495. Ziccardi, Giovanni, *Il dialetto di Agnone; la fonetica e la flessione*. ZfrPh XXXIV (1910), 405-436.

b. *CAMPOBASSO:*

496. Altobello, G., *Poesie dialettali campobassane. Prefazione di Manfr. Pinto*. Campobasso, Colitti, 1926. xix-84 p.

497. Goidanich, Pietro Gabr., *Intorno al dialetto di Campobasso. Miscellanea ling. in onore di G. Ascoli* (1901), 403-413.

498. Ovidio, Francesco d', *Per il dialetto di Campobasso*. Sfr IX (1904), 707-713.

c. *CITTA DI CASTELLO:*

499. Bianchi, Bianco, *Il dialetto e la etnografia di Città di Castello; con raffronti e considerazioni storiche*. Città di Castello, S. Lapi, 1888. ix-101 p.

500. Magherini-Grazioni, Giovanni, *Storia di Città di Castello*. Città di Castello, Lapi, 1886-1911. Dalla p. 185 del vol. I, un capitolo: *Sul dialetto di Città di Castello;* alle p. 199-212: *Voci e modi di dire Castellani.*

d. *CAPRACOTTA:*

501. Conti, Oreste, *Letteratura popolare capracottese con prefazione di Francesco D'Ovidio*. Napoli, Pierro, 1911. xi-233 p. Con *Locuzioni e modi de dire, raggruppati seconda la significazione* (p. 79-147).

e. *MONTAGANESE:*

502. Fruscella, Nicola M., *La lingua parlata di Montagano nel Sannio*. Firenze, tip. Galileiana, 1866. 22 p.

f. *TORESE:*

503. Trotta, Luigi Alb., *Saggio di voci del vernacolo di Toro*. Modena, 1879. 8 p.
———————, *Secondo saggio di voci* ... Modena, 1882. 8 p.
———————, *Terzo saggio, ecc.* ... Modena, Società tip., 1889. 12 p.
———————, *Quarto saggio, ecc.* ... Modena, Società tip., 1891. 34 p

E. Abruzzese

504. Bielli, Dominico, *Vocabolario Abruzzese*, con prefazione di Cesare de Titta. Casalbordino, N. de Arcangelis, 1930. xvi-426 p.

505. Bindi, Fortunato, *Pochi abruzzesismi d'origine latina*. Atri, De Arcangelis, 1888. 48 p.

506. De Titta, Cesare, *Gente d'Abruzzo*. Firenze, Vallacchi, 1923. 217 p. Con ricco Glossario (p. 181-216).

507. Finamore, Gennaro, *Spigolature dialettali e tradizionali*. Riv. Abruzz. VIII (1893), 49-53. Teramo.

508. Finamore, Gennaro, *Vocabolario dell'uso abruzzese*. Lanciano, R. Carabba, 1880. 336 p.
 —————————, II edizione. Città di Castello, S. Lapi, 1893. 321 p.

509. Merlo, Clemente, *Lingue e dialetti degli Abruzzi, Molise, e Puglia*. Milano, Guide d'Italia del Touring Club Italiano, 1926. 4 p.

510. Pansa, Giovanni, *Saggio di uno studio sul dialetto abruzzese*. Lanciano, Carabba, 1885. xxxii-95 p.

511. Rolin, Gustav, *Bericht über Resultate seiner mit Unterstützung der Gesellschaft behufs Dialektforchung unternommenen Reisen in den Abruzzen* (Marz, April, August, September 1900). (Mitteilung No. xiv der Gesellschaft zur Förderung deutscher Wissenschaft, Kunst und Litteratur in Böhmen). Prag, Verlag der Gesellschaft zur Förderung deutscher Wissenschaft, Kunst and Litteratur in Böhmen, 1901. 40 p.

512. Romani, Fedele, *Abruzzesismi*. Piacenza, Porta 1884. 89 p.
 —————————, II edizione. Teramo, Fabbri, 1890. 87 p.
 —————————, III edizione. Firenze, Bemporad, 1907. 91 p.

a. ANGOLO:

513. Castagna, N., *Di alcuni vocaboli e modi del vernacolo angolano, col riscontro italiano o toscano: Saggio*. Firenze, tip. del Vocabolario, 1878. 16 p.
 —————————, II edizione. Atri, 1891.

b. CANISTRO:

514. Crocioni, Giovanni, *Il dialetto di Canistro. Scritti vari di Filologia a Ernesto Monaci* . (1901), 429-443. Roma, Forzani.

515. Grocioni, Giovanni, *Novelle popolari in dialetto di Canistro (con glossario)*. Aptp XX (1901), 185-194.

c. *CHIETI:*

516. Bartholomaeis, Vincenzo de, *La lingua di un rifacimento chietino della "Fiorita" d'Armannino da Bologna*. ZfrPh XXIII (1899), 117-134.

517. Preziosi, Alb., *Esercizî di traduzione degli abruzzi. Chieti e provincia*. Firenze, Bemporad, 1925. 24 p.

d. *TERAMANO:*

518. Pannella, Giacinto, *Saggio del dialetto teramano, con cenni storici*. I: *Il medico sensa le dei matrimoni*. Teramo, de Carolis, 1912-13. 44 p.

519. Savini, Giuseppe, *La grammatica ed il lessico del dialetto teramano; due saggi aggiuntevi poche notizie sugli usi, i costumi, le fiabe, le leggende del popolo teramano*. Torino, Loescher, 1881. 207 p.

520. Savini, Giuseppe, *Osservazioni sul dialetto teramano*. Ancona, Civelli, 1879. 343 p.

e. *VASTESE:*

521. Anelli, Luigi, *Vocabolario vastese*. Vasto, L. Anelli, 1901. 129 p. A-D only.

f. *VILLAVALLELONGA:*

522. Loreto, Grande, *Primo contributo alla flora di Villavallelonga nella Marsica. Nuovo Giorn. Botanico Ital.* XI (1904), 125-140. Firenze.

II C. THIRD GROUP OF CENTRAL AND SOUTHERN DIALECTS

A. UMBRIAN

523. Comez, Odoardo, *Guida-dizionario umbro-sabino*. Todi, Foglietti, 1888. viii-165 p.

524 Nazari, Oreste, *Umbrica* . . . Reale accad. d. sci., *Atti* XLIII (1908), 822-843. Torino.

525. Trabalza, Ciro, *Saggio di vocabolario umbro-italiano e viceversa per uso delle scuole elementari dell'Umbria a cura e con prefazione di C. T.* Foligno, Campitelli, 1905. 56 p.

a. *COLLALTO:*

526. Egidi, Francesco, *Curiosità dialettali del secolo XVII. Miscell.*

per nozze *Crocioni-Ruscelloni*. Roma, Loescher, 1908. 212-221 p. Con glossarietto di Collalto.

b. *FALISCO:*

527. Buonamici, Giulio, *Il dialetto falisco*. Pt. I. Imola, Galeati, 1913. 93 p.

c. *PERUGINO:*

528. Degli Azzi, Vittelleschi Giustiniano, *Il dialetto perugino nel secolo XIV; studio storico-filologico*. Perugia, tip. Umbra, 1900. 16 p.

d. *PRETA:*

529. Blasi, Ferruccio, *Il dialetto di Preta. Saggio fonetico-lessicale*. ITd XII (1936), 35-57.

e. *REATINO:*

530. Campanelli, Bernardino, *Fonetica del dialetto reatino* ... Torino, Loescher, 1896. xi-240 p. *Lessico* (p. 137-157).

B. Lazio

a. *ALATRINO:*

531. Avoli, Alessandro, *Saggio di studî etimologici comparati sopra alcune voci del dialetto alatrino*. Estratto dal periodico *Gli Studî in Italia* III (1880), 36. Roma, tip. di Roma.

b. *AMASENO:*

532. Vignoli, Carlo, ... *Lessico del dialetto di Amaseno con appendice di saggi dialettali* ... Roma, La Società, 1926. 141 p.

533. Vignoli, Carlo, *Vernacolo e canti di Amaseno*. Perugia, Unione tip. coop., 1920. 114 p.

c. *AMERINA:*

534. Rosa, Edilberto, *Dizionarietto della campagna amerina: saggio di voci proprie usate nel contado della città di Amelia ed in taluni altri luoghi dell'Umbria per E. R., regio ispettore ai Monumenti e Scavi*. Narni, Subioli, 1907. xii-60 p. Con *Appendice di aggiunte e annotazioni* (p. 57-60).

d. *CASSINESE:*

535. Maccarrone, Nunzio, *I dialetti di Cassino e di Cervaro*. Perugia, Unione tip. coop., 1915. 31 p.

e. *CASTELMADAMA:*

536. Norreri, Oscar, *Avviamento allo studio dell'italiano nel comune di Castelmadama*. Perugia, Unione tip. coop., 1905. 68 p. Con *Vocabolario* (p. 45-65).

f. *CASTRO DEI VOLSCI:*

537. Vignoli, Carlo, *Aggiunte al Lessico di Castro dei Volsci.* Sr XIII (1917). 291-301 p.

538. Vignoli, Carlo, *Il vernaculo di Castro dei Volsci.* Sr VII (1911), 117-296.

g. *CERVARA:*

539. Merlo, Clemente, *Fonologia del dialetto della Cervara, in provincia di Roma.* Perugia, Unione tip. coop., 1922. 109 p.

h. *PALIANO:*

540. Navone, Giulio, *Il dialetto di Paliano* Sr XVII (1922), 73-126. Con *Note lessicali comparative* (p. 102-126).

i. *ROMA:*

541. A. B. R. *Discurso de Padron Lissandro fatto a la Gensola co Peppe er duro, Clemente Spacca e Filicetto pe soprannome Trecciabella sull'aritrovato der cirusico romano Sor Angelo comi pe impitrine e conservane tal, e quale, tal, e quale le parte dell'ommini morti, l'ucelli, le bestie, le serpe ecc. ecc. tutto lavore, e opera de A. B. R.* Roma, Stamp. Sarviucci, 1840.

542. Azzocchi, M. Tommaso, *Vocabolario domestico della lingua italiana compilato da M. T. A. cappellano segreto di Sua Santità ecc.* Roma, Monaldi, 1846. xi-204.

543. Belli, Giuseppe Gioachino, *I sonnetti romaneschi di G. G. B. pubblicati dal nipote Giacomo a cura di Luigi Morandi.* Città di Castello, Lapi, 1896. Con *Glossario-indice* (p. 45-124).

544. Belli, Giuseppe Gioachino, *Sonnetti romaneschi. Prima edizione popolare, fatta a norma delle figenti leggi con prefazione di A. Castaldo e dizionarietto romanesco-italiano.* Roma, O. Garroni, 1913.

545. Bible. *New Testament. Gospels. Matthew., Il Vangelo di S. Matteo, volgarizzato in dialetto romano dal Sig. G. Caterbi; con la cooperazione del principe L. L. Bonaparte.* Londra, 1861. 126 p.

546. Blasi, B., *Stradario romano. Dizionario storico-etimologico-topografico.* Roma, Formiggini, 1933. x-348 p.

547. Chiappini, Filippo, . . . *Vocabolario romanesco. Edizione postuma delle schede a cura di Bruno Migliorini.* Roma, Casa editrice Leonardo da Vinci, 1933. 342 p.

548. Compagnoni, Giuseppantonio, *Raccolta di voci romane e marchiane, riprodotta secondo la stampa del 1768, con prefazione di Clemente Merlo.* Roma, La Società, 1932. xviii-89 p.

549. Fedele, Pietro, *Briciole di romanesco antico.* Roma, Soc. romana di storia patria, 1912. 11 p.

550. Ghisalberti, Alberto M., *La vita di Cola di Rienzo a cura di A. M. G.* Roma, Olschki, 1928. lxxviii-179 p. Con *Glossario* (p. 161-177).

551. Gregorio, Giacomo de, *Il dialetto romanesco. Sgi* VI (1912), 78-167. Con *Lessico* (p. 135-167).

552. Merlo, Clemente, *Ancora di "L" palatilizzata nei dialetti della Campagna romana. ZfrPh* XXXIII (1909), 85-88

553. Migliorini, B., *Dialetto e lingua nazionale a Roma. RLR* IX (1933).

554. Monte, Crescenzo del, *Il dialetto di Roma al secolo XVI e sue sopravvivenze. Israel* X (1936), 290-296. Roma.

555. Peresio, Giovanni Camillo, *Il maggio romanesco ouero il palio conquistato: poema epicogiocose nel linguaggio del volgo di Roma di G. C. P. dedicato all'eminentissimo e reverendissimo principe il sig. Cardinale Francesco Maria de Medici.* Ferrara, Pomatelli, 1688. 447 p. Con *Indice delle voci, proverbij, o dettati romaneschi, in qual significato l'vsano, che non sono ne'dizzionarij.*

556. Porena, Manfredi, *Del rafforzamento delle consonanti iniziali nel dialetto di Roma. ITd* III (1927), 246-252.

557. Porena Manfredi, *Di un fenomeno, fonètico sull'odierno dialetto Roma. ITd* I (1924-25), 229-238.

558. Sabatini Francesco, *L'ortografia del dialetto romanesco, osservazione di F. Sabatini. Il volgo di Roma* . . . I (1890), 87-100. Roma.

559. Sabatini, Francesco, *Polemica romanesca in occasione di alcuni articoli di Raffaele Giovagnoli.* Roma, Befani, 1883. 47 p.

560. *Società Filologica Romana: "I dialetti di Roma e del Lazio."* I (1920-).

561. Tellenbach, Fritz, *Der römische Dialekt nach den Sonetten von G. G. Belli.* Zürich, Gebr. Leemann & Co., 1909. 84 p.

562. Torquati, Gir., *Origine della lingua italiana: dall'attuale dialetto del volgo laziale al dialetto del popolo romano nel sec. XIII, ecc.* Roma, Armanni, 1885. 400 p.

563. Vattasso, Marco, . . . *Aneddoti in dialetto romanesco del sec. XIV: tratti dal cod. vat. 7654.* Roma, tip. Vaticana, 1901. 114 p. Con *Lessico.*

j. *SABINO:*

564. De Nino, Antonio, *La Sabina nel dialetto e nei canti.* Roma, tip. Tribuna, 1903. 23 p.

k. *SUBIACO:*

565. Lindsstrom, Anton, *Il vernacolo di Subiaco. Sr* V (1907), 237-300. Con *Lessico.*

l. *VELLETRANO:*

566. Crocioni, Giovanni, *Il dialetto di Velletri e paesi finitimi.* Perugia, Unione tip. coop., 1907. 64 p.

567. Crocioni, Giovanni, *Termini geografici dialettali di Velletri e d'intorni. RGI* (1903), 10.

568. Ive, Antonio, *Canti popolari velletrani raccolti e annotati da A. I.* Roma, Loescher, 1907, xxxii-345 p. Con *Repertorio lessicale.*

C. MARCHE

569. Crocioni, Giovanni, *Lo studio sul dialetto marchigiano di A. Neumann-Spallart.* Perugia, Unione tip. coop., 1905. 22 p.

570. Marinelli, Olinto, *Raccoltina di termini geografici marchigiani. IX Congresso Geogr. Ital. II, Atti* (1925), 282-292. Genova:

571. Neumann von Spallart, A., *Weitere Beiträge zur Charakteristik des Dialektes der Marche. ZfrPh* (*Beihefte*) XI (1907), viii-89.

572. Neumann von Spallart, A., *Zur Charakteristik des Dialektes der Marche. ZfrPh* XXVIII (1904), 273-315, 405-491.

a. *ANCONA:*

573. Spotti, Luigi, . . . *Vocabolarietto anconitano-italiano. Voci, locuzioni e proverbi più comunemente in uso nella provincia di Ancona, con a confronto i corrispondenti in italiano.* Genève, Olschki, 1929. 188 p.

574. Toschi, Luigi, *Dizionario anconitano-italiano, per uso delle scuole elementari e italiano-anconitano, per uso dei cultori del vernacolo.* Castelplanio, Romagnoli, 1889. 46 p.

b. *ARCEVIA:*

575. Crocioni, Giovanni, *Il dialetto di Arcevia. I: Fonetica; II: Morfologia; III: Sintassi; IV: Testi; V: Lessico.* Roma, E. Loescher & Co., 1907. xx-104 p.

c. *FABRIANO:*

576. Marcoaldi, Oreste, *Guida e statistica della città e comune di Fabriano.* Fabriano, Crocetti, 1873-1875.

d. *IESINO:*

577. Gatti, Riccardo, *Piccolo vocabolario iesino.* Arch. Rom. IV (1920), 210-234.

e. *METAURENSE:*

578. Conti, Egidio, *Saggio di proverbî dialettali metaurensi.* Cagli, Balloni, 1898. xv-1-72 p.

579. Conti, Egidio, *Vocabulario metaurense.* Cagli, 1901-1902. xv-339 p. Con *Appendice.*

f. *ORSIMANA:*

580. Spada, Leonello, *Entomologia orsimane ossia catalogo sistematico-topografico degl'insetti utili e nocivi finora trovati nel territorio d'Orsimo.* Orsimo, Rossi, 1891.

g. *PICENUM:*

581. Mengel, Erich, *Umlaut und Diphthongierung in den Dialekten des Picenums.* Köln, W. May, 1936.

h. *SERVIGLIANO:*

582. Camilli, Amerindo, *Il dialetto di Servigliano.* Arch. Rom. XIII (1929), 51.

III. NORTHERN DIALECTS
A. GENERAL

583. Begnami-Sormani, Ernesto e Scolari, Carlo, *Dizionario alpino italiano.* Milano, Hoepli, 1892. xxi-309 p.

584. Biondelli, Bernardino, *Saggio sui dialetti gallo-italici* . . . Milan, G. Bernardoni, 1853. xix-692 p.

585. Bolza, Giovanni Battista, *Beitrag zum Studium der gallo-italischen dialekte.* Wien, 1868.

586. Miltschinsky, Margarete, *Der ausdruck des konzessiven gedankens in den norditalienischen mundarten nebst einem anhang das*

provenzalische betreffend, von Margarete M. Halle, Niemeyer, 1917. viii-188 p.

587. Mussafia, Adolf, *Beitrag zum Kunde der norditalienischen Mundarten im XV Jahrhunderte.* Akad. d. Wissensch. Phil.-Inst. Classe. *Denksch.* XXII (1873), 103-228.

588. Salvioni, Carlo, *Dialetti moderni dell'alta Italia. JRP* VIII, 1, (1904), 140-149.

B. PIEDMONT

590. Bible. *New Testament. Gospels. Matthew. Il Vangelo di S. Matteo, volgarizzato in dialetto Piemontese.* Londra, 1861. 130 p.

591. Capello, Louis (Comte de Sanfranco), *Dictionnaire portatif piémontais-français, suivi d'un vocabulaire français, des termes usités dans les arts et métiers, par ordre alphabétique et de matières, avec leur explication.* Turin, 1814.

592. Capello, Louis (Comte de Sanfranco), *Inviamento al comporre nella lingua italiana approvato dalla R. Direzione delle scuole e seguito da un Dizionario piemontese-italiano.* Torino, Ghiringhello e Co., 1826.

593. Castellino, Onorato e Costa, Nino, *Piemonte dialettale: esercizi di traduzione dal dialetto piemontese.* Palermo, Sandron, 1928. 32 p.

594. Colla, Aloysius, *Herbarium pedemontanum.* Augustae Taurinorum, ex Typis Regiis, 1833-1837. VIII: *Grande raccolta di nomi piemontesi di piante (indice dell'opera).*

595. Comune, Francesco Emilio, *Vocaboli dialettali piemontesi d'un tempo, 1400-1800, raccolti e commentati con cenni storici e curiosità etimologiche dal Francesco E. Comune di Asti, G. G. Allione, A. Brofferio.* Sanremo, tip. Conti & Grandolfi, 1923. 70 p.

596. D'Azeglio, Emanuele, *Studî di un ignorante sul dialetto piemontese.* Torino, Unione tip., 1886. 207 p.

597. Galleani, C., *Sulla probabile origine di alcuni vocaboli del vernacolo piemontese.* Torino, Derossi, 1883. 15 p.

598. Gavuzzi, Giuseppe, *Supplemento al Vocabolario piemontese-italiano.* Torino, Canonica, 1896. 28 p.

599. Gavuzzi, Giuseppe, *Vocabolario piemontese-italiano*. Torino, L. Roux e Co., 1871. xii-692 p. Con *appendice*.

600. Gavuzzi, Giuseppe, *Vocabolario italiano-piemontese*. Torino, Canonica, 1896. viii-696 p. Con *Cenni sul piemontese*.

601. Gentile, Lorenzo, *Frasario piemontese-italiano, o raccolta di frasi e proverbi piemontesi aventi riscontro in italiano*. Asti, tip. Popolare, 1911. 125 p.

603. Levi, Attilio, ... *Dizionario etimologico del dialetto piemontese*. Torino, Paravia, 1927. xix-301 p.

604. Levi, Attilio, *Voci piemontesi*. Arch. Rom. XIII (1929), 4.

605. Mattirolo, Oreste, *I vegetali alimentari spontanei del Piemonte (phytoalimurgia pedemontana)*. Torino, Lattes, 1919. 180 p.

606. *Memoria della lingeria rimessa alla lavandaia coll'almannacco ed un vocabolario dei nomi della lingeria Piemontese, Italiano e Francese*. Torino, [n. d.].

607. Nelson, V. L., *Faceto schietto consigliere del bel sesso femminino: almannaco istruttivo, dilettevole, e necessario più della toaletta, compilato da V. L. Nelson torinese, dedicato particolarmente alle graziose Piemontesi per l'anno volgare 1826, ecc.* Torino, Grosso. 112 p.

608. Nigra, Costantino, *Saggio lessicale di basso latino curiale compilato su estratti di statuti medievali piemontesi*. Torino, (Pinerolo, tip. Sociale), 1920. 159 p. Stampato già nel Boll. Stor.-Bibliogr. Subalpino XIV (1909), XXI (1919).

609. Pasquali, Giovanni, *Nuovo dizionario piemontese-italiano ragionato e comparato alla lingua comune coll'etimologia di molti idiotismi, premesse alcune nozioni filologiche sul dialetto, del prof. Giov. Pasquali*. Torino, Enrico Moreno, 1869. xxxii-621 p.

———————————, II edizione. Torino, Moreno, 1870. xxxii-621 p.

610. Pipino, M., *Grammatica piemontese*. Torino, 1783.

———————————, II edizione, tip. *Gazzetta del popolo*, 1884.

611. Pipino, M., *Vocabolario piemontese*. Torino, 1783.

612. Ponza, Michele, *Appendice al Vocabolario piemontese-italiano* ... Torino, Stamp. Reale, 1835.

613. Ponza, Michele, *Dizionario piemontese-italiano* . . . Torino, Ghiringhello, 1827.
   ———————, III edizione. Torino, Stamp. Reale, 1834. 166 p.

614. Ponza, Michele, *Istradamento al comporre nella lingua italiana, approvato dalla R. Direzione delle scuole, e seguito da un dizionario piemontese-italiano.* Torino, Ghiringhello, 1826.

615. Ponza, Michele, *Vocabolario Piemontese-Italiano.* Torino, 1830-33.
   ———————, *Vocabolario* . . . Torino, 1843. 204 p.
   ———————, *Vocabolario* . . . Torino, 1844. 130, v-106 p.
   ———————, III edizione. Torino, Schiepatti, 1846. xvi-760 p.
   ———————, IV edizione. Torino, Schiepatti, 1847. xvi-760 p.
   ———————, V edizione. Pinerolo, Lobetti-Bodoni, 1859. 863 p.
   ———————, VI edizione. Pinerolo, Lobetti-Bodoni, 1860. 863 p.

616. Pozzo, Guiseppe, *Glossario etimologico piemontese.* Torino, Fr. Casanova, 1888, 250 p.
   ———————, II edizione. Torino, 1893.

617. Prati, Angelico, *Il "Dizionario etimologico del dialetto piemontese" di Attilio Levi. ITd* VI (1930), 252-271.

618. Renier, Rodolfo, *Il "Gelindo": dramma sacro piemontese della natività di Cristo, edito con illustrazioni linguistiche e letterarie.* Torino, Clausen, 1896. ix-255 p. Con *glossario.*

619. Rosa, Ugo, *Etimologie storiche del dialetto piemontese.* Torino, Casanova, 1888. 30 p.

620. Rosa, Ugo, *Glossario storico popolare piemontese; dichiarazione di CCX voci, motti locali e locuzioni proverbiali di origine storica.* Torino, Loescher di C. Clausen, 1889. 118 p.

621. Salamitto, Giuseppe, *Piccolo vocabolario piemontese-italiano, ad uso delle scuole elementari serali e festive del Piedmont.* Mondovì, tip. G. Issoglio, 1893. 89 p.

622. Sant'Albino, Vittorio di, *Gran dizionario piemontese-italiano, compilato dal cavaliere V. di Sant'Albino.* Torino, Soc. l'Unione tip. -editrice, 1859. xvi-1237 p.

623. Vopisco, Michele, *Vocabolario piemontese e latino*. Mondovì, 1564. 141 p.

624. Zalli, P. Casimiro, *Disionari piemonteis, ital., lat., e franseis*. Carmagnola, Barbié, 1815.

——————————, *Dizionario* . . . II edizione, Carmagnola, 1830.

a. *ACQUESE:*

625. Prato, P., *Dialetto acquese: saggio* . . . Riv. di Storia, Arte, Archeologia della Provincia di Alessandria XVII (1906), 357-408, 593-631; XVIII (1909), 461-518; XIX (1910), 391-428. Alessandria, Soc. Poligrafica.

b. *ALBESE:*

626. Salvioni, Carlo, *Etimologie albesi: publicazioni postuma*. ITd VI (1930), 225-237.

c. *ALESSANDRIA:*

627. Jachino, Giovanni, *Varietà tradizionali e dialettali Alessandrine: raccolte e illustrate*. Alessandria, tip. Jacquemod, 1889. 178 p.

628. Parnisetti, Luigi, *Piccolo glossario etimologico del dialetto alessandrino*. Alessandria, Gazzotti, 1913. 64 p.

d. *ANTRONA:*

629. Nicolet, Nellie, *Der dialekt des Antronatales, lautlehre, formenlehre, texte, glossar, von Nellie Nicolet*. ZfrPh (Beihefte) LXXIX (1929), viii-212.

e. *ASTI:*

630. Alione, Giovanni Giorgio, *Commedia e farse carnovalesche nei dialetti astigiano, milanese e francese misti con latino barbaro, composte sul fine del secolo XV da Giovanni Giorgio Alione*. Milano, G. Daelli e Co., 1865. xvi-382 p.

f. *AYAS:*

631. Poma, Cesaro, *Il dialetto di Ayas*. Torino, 1884.

g. *BARGE:*

632. Ginotta, Michele, *Il dialetto di Barge. Pt. I: fonologia*. Bologna, Mareggiani, 1912. 54 p.

h. *CANAVESANO:*

633. Frolo, Giuseppe, *Corpus statutorum Canavisii.* Torino, 1918. Biblioteca Soc. Storica Subalpina XCIV. Con Glossario (p. 729-769).

i. *CARPENETO:*

634. Ferraro, Giuseppe, *Botanica popolare di Carpeneto d'Acqui (Monferrato)*, Palermo, Pedone-Lauriel, 1885. 30 p. Estr. dall'Arch. Tradiz. Popol. IV (1885).

j. *CASTELLINALDO:*

635. Toppino, Giuseppe, *Il dialetto di Castellinaldo. I: Fonetica; II: Morfologia.* ITd I (1924-25), 114-160.

———————, *Il dialetto . . . Note di Sintassi.* ITd II (1926), 1-49.

———————, *Il dialetto . . . Glossario.* ITd III (1927), 94-157.

k. *MONTFERRAT:*

636. Ferraro, Giuseppe, *Glossario monferrino.* Ferrara, Premiata tip. sociale, 1881. 66 p.

———————, II edizione. Torino, E. Loescher, 1889. viii-129 p.

l. *NOVARESE:*

637. Massia, P., *Di alcuni nomi locali del Novarese. Considerazioni etimologiche.* Novara, tip. Cattaneo, 1927. 11 p.

638. Rusconi, Antonio, *I parlari del Novarese e della Lomellina.* Novara, Rusconi, 1878. xlvi-140 p.

m. *ORMEA:*

639. Parodi, E. G., *Intorno al dialetto d'Omea.* Sr V, 89-122.

640. Schaedel, Bernhard A. O., *Die Mundart von Ormea*: Beiträge zur Laut-und Konjugationslehre der nordwestitalienischen Sprachgruppe; mit Dialektproben, Glossar . . . Halle, Niemeyer, 1903. 138 p.

n. *PIVERONESE:*

641. Flechia, Giovanni, *Lessico piveronese* . . . Arch. Glott. XVIII (1914-1918-1922), 276-327.

o. *PRAGELATO:*

642. Talmon, Alb., *Saggio; sul dialetto di Pragelato.* Torino, Loescher, 1914. 103 p.

p. *RUEGLIESE:*

643. Corzetto-Vignot, Pietro, *Teknigrafia del dialetto ruegliese (canavesano antichissimo).* Ivrea, Garda, 1911. 15 p.

q. *SALUZZESE:*

644. Flechia, Giuseppe, *Manipoletto di etimologie saluzzesi.* Saluzzo, Bovo e Baccolo, 1901. 7 p.

r. *TURINESE:*

645. Albanesi, Umberto, . . . *Vocabôlari turinêis-italian precedù da quêich regôle su l'ôrtôgrafia dialetal.* Torino, Fratelli Ribet, 1926-28. xiv-258 p.

646. Re Giovanni, Francesco, *Flora torinese.* Torino, 1825-26.

s. *USSEGLIO:*

647. Terracini, Benvenuto, *Il parlare d'Usseglio.* Torino, Loescher, 1911-13.

―――――――――, *Il parlare . . . Appendice I.* Torino, Loescher, 1914. 82 p.

t. *VALDESE:*

648. Morosi, Giuseppe, *L'odierno linguaggio dei valdesi del Piemonte.* Torino, Loescher, 1891. 108 p.

649. Roletto, Giorgio, *Termini geografici dialettali delle valli Valdesi.* Firenze, M. Ricci, 1915. 19 p.

u. *VALDOSTANO:*

650. Aebischer, Paolo, *Études toponomastiques valdôtaines.* Torino, Off. graf. edit. Bodoniana, 1921. 15 p.

651. Cerlogne, G. B., *Dictionnaire du patois valdôtain précédé de la petite grammaire.* Aoste, Catholique, 1907. 316 p.

652. Cerlogne, G. B., *Le patois valdôtain: son origine littéraire et sa graphie.* Aosta, Cattolica, 1909. 36 p.

653. Chanoux, Antoine, *Mon patois: légende, suivie de quelques notices sur le dialecte Valdôtain.* Macerata, Giorgetti, 1911. 26 p.

654. Pasquali, P. S., *Etimologie gergali valdostane.* RLR X (1934).

v. *VALLE ANZASCA:*

655. Gysling, (Fritz), *Contributo alla conoscenza del dialetto delle Valle Anzasca.* Arch. Rom. XIII (1929), 3.

w. *VALLE LEVENTINA:*

656. Sganzini, Silvio, *Il dialetto della Valle Leventina.* ITd I (1924-24), 190-212.

x. *VALSESIA:*
657. Teofilo, Spoerri, *Il dialetto della Valsesia. RIL* LI (1918), 391-409, 683-98, 732-52.
658. Tonetti, Federico, *Dizionario del dialetto valsesiano* ... Varallo, tip. Camaschella e Zanfa, 1894. 334 p.

y. *VALSOANINO:*
659. Nigra, Costantino, *Fonetica del dialetto di Valsoana (Canavese), con un'appendice sul gergo valsoanino.* Torino, Loescher, 1874.

C. LIGURE

660. Celesia, Emanuele, *Dell'antichissimo idioma dai liguri.* Genova, tip. Sordomuti, 1863. 122 p.
661. Durazzo, Carlo, *Degli uccelli liguri: notizie raccolte dal marchese C. Durazzo.* Genova, Ponthenier, 1845. 95 p.
662. Flechia, Giuseppe, *Manipoletto di etimologie liguri.* Bologna, Zanichelli, 1901. 8 p.
663. Flechia, Giuseppe, *Postille al Glossario medioevale ligure di Gir. Rossi.* Nervi, Gärtner, 1900. 7 p.
664. Issel, Arturo, *Cenni intorno ai termini geografici dialettali della regione ligure. Boll. Soc. Geogr. Ital.*, s. V. v. VI (Vol. LIV), Pt. II, 487-508.
665. Lagomaggiore, N. e Mezzana, N., *Contributo allo studio dei nomi volgari delle piante in Liguria.* Genova, Ciminago, 1902. 74 p. Estratto degli *Atti della Soc. Ligustica di Sci. Naturali e Geografiche.*
666. Mannucci, Francesco Luigi, *Giunte al lessico dell'antico dialetto ligure.* Genova, tip. della Gioventù, 1906. 10 p.
667. Martini, Stefano, *Saggio intorno al dialetto ligure.* S. Remo, tip. Puppo, 1870.
668. Mattiauda, Ben., *Di alcuni errori gravissimi nella storia e la lingua dei liguri.* Savona, Bertolotto, 1913, 95 p.
669. Parodi, Ernesto Giacomo, *Studj liguri.* Con *Lessico. Arch. Glott.* XV (1901), 42-82.
670. Penzig, Ottone, *Flora popolare ligure: primo contributo allo studio dei nomi volgare delle piante in Liguria.* Genova, Ciminago, 1897. 101 p. Estr. dagli *Atti d. Soc. Ligustica* VIII.
671. Rossi, Gir., *Glossario medioevale ligure.* Torino, Paravia, 1896. 135 p.
——————————, *Glossario ... appendice. Miscellanea di*

storia Italiana, (serie 3) XIII (XLIV of the collection), 1909, 133-218. Torino, Bocca.

a. *BORDIGHERA:*

678. Casaccia, Giovanni, *Vocabolario genovese-italiano.* (Genova, maires et vocabulaires mèthodiques des idiomes de Bordighera et de Realdo. Paris, E. Leroux, 1898. 105 p.

b. *FINALE:*

673. Celesia, Emanuele, *Del Finale ligustico: cenni storici.* Finalborgo, Bolla, 1923. 65 p.

674. Silla, G. A., *Vocaboli, detti e proverbi in vernacolo finalese.* Savona, Brizio, 1924. 16 p.

c. *GENOVESE:*

675. Angelucci, Angelo, *Glossario delle voci militari che s'incontrano nell'inventario degli arredi e delle armi di Sinibaldo Fieschi del 1532.* Genova, tip. dei Sordomuti, 1876. 31 p.

———————, *Glossario . . . Atti Soc. Ligure Storia Patria* X (1874), 773-803.

676. Bacigalupo, F., *Vocabolario tascabile genovese-italiano per il popolo.* Genova, tip. Sordomuti, 1873. xvi-314 p.

677. Bible. *New Testament. Gospels, Matthew. Il Vangelo di S. Matteo, volgarizzato in dialetto genovese dal canonico G. Olivier . . . preceduto da . . . osservazioni . . . sulla pronunzia del dialetto genovese, del principe L. L. Bonaparte.* Londra, 1860. xi-122 p.

678. Casaccia, Giovanni, *Vocabolario genovese-italiano.* (Genova, 1841-?).

———————, *Vocabolario . . .* Genova, Pagano, 1851. xvi-688 p.

679. Donaver, Federico, *Antologia della poesia dialettale genovese con introduzione, note e glossario.* Genova, Libr. Editr. Moderna, 1910. lxxxix-226 p. *Glossario* (p. 187-222).

680. Flechia, Giovanni, *Annotazioni sistematiche alle antiche rime genovesi e alle prose genovesi. Lessico. Arch. Glott.* VIII (1882), 317-406 p.

681. Flechia, Giuseppe, *Appunti lessicali genovesi (dialetto chiararese). Giornale stor. e letter. della Liguria* IV (1904), 7-9.

682. Frisoni, Gaetano, *. . . Dizionario moderno genovese-italiano e italiano-genovese, arricchito di una raccolta di mille pro-*

verbi liguri, e seguito da un rimario dialettale compilato dal P. Ang. Federico Gazzo. Genova, A. Donath, 1910. 476 p.

683. Gazzis, F., de, *Voci e maniere genovesi nei classici italiani e nell'uso toscano. Rivista ligure* XXIX (1907), 3.

684. Giaimo, Teresa, *Esercizi di traduzione dai dialetti della liguria: Genovese*. Firenze, Bemporad, 1924. 32, 95, 90 p.

685. *Guida di Genova e del Genovesato*. Genova, 1846.

686. Keller, C., *La flexion du verbe dans le patois genevois*. Firenze, Olschki, 1928. xxviii-216 p.

687. Marcoaldi, Oreste, *Etimologie di alcuni vocaboli genovesi per la prima volta dichiarate da Oreste Marcoaldi*. Genova, tip. del R. I. de'Sordo-muti, 1861.

688. Olivieri, Giuseppe, *Dizionario domestico genovese-italiano*. Genova, 1841.

689. Olivieri, Giuseppe, *Dizionario genovese-italiano*. Genova, Ferrando, 1851. xxvii-555 p.

690. Paganini, Angelo, *Vocabolario domestico genovese-italiano con un appendice zoologica*. Genova, 1857. 298 p.

691. Parodi, Ernesto Giacomo, *Alcune osservazioni a proposito del "Lessico genovese antico" di Giovanni Flechia*. Genova, tip Sordomuti, 1886. 31 p.

692. Parodi, Ernesto Giacomo, *Dante e il dialetto genovese*. Milano, Treves, 1925.

693. Parona, Corrado, *La pesca maritima in Liguria: relazione del dottore C. P.* Genova, Ciminago, 1898. 69 p.
    Estratto dagli *Atti Soc. Ligustica Scienze Natur. e Geogr.* LX. Con *Prospetto delle specie più importanti di pesci del mercato di Genova* (p. 20-31); *Elenco alfabetico dei nomi genovesi dei pesci coi corrispondenti nomi italiani e latini* (p. 32-39), *ricavati dai vocabolari del Paganini e del Casaccia, con nomi genovesi dei molluschi* (p. 55), *dei Crotacei, degli ordini della pesca* (p. 9-11).

694. Pastore, Antonio, *Studi di nomenclatura sulle tavole Wilke, con noticine di grammatica e nomenclatura in dialetto genovese*. Genova, Guaita, 1885. 47 p.

695. P. F. B., *Vocabolario tascabile Genovese-Italiano*. Genova, 1873.

696. Randaccio, Carlo, *Dell'idioma e della letteratura genovese; studio seguito da un vocabolario etimologico genovese*. Roma. Forzani e Co., 1894. viii-242 p.

697. Ratto, G. B. e Giovanni, *La cuciniera genovese, ossia la vera maniera di cucinare all'genovese*. Prefazione di Carlo Pansieri. Genova, Pagano, 1929. 228 p. Con *un piccolo dizionario genovese-italiano di Giovanni Casaccia*.

698. V. D. M., *Vocabolarietto genovese-italiano, italiano-genovese per le classi 3a, 4a, 5a, e 6a dei paesi della Liguria*. Recco, Nicolosio. 113 p. Con *l'Ortografia genovese e un foglietto d' Errata Corrige* (a parte).

699. Vigo, G. B., *Fili d'erba; raccolta di poesie italiane e genovesi, colla traduzione in dialetto dei primi sette canti dell'Inferno di Dante Alighieri*. Genova, tip. dell'istituto Sordomuti. 1889. 268 p.

d. *ONEGLIA:*

700. Dionisi, Livia, *Saggio di vernacolo onegliese. Contributo al folk-lore italiano*. Oneglia, G. Ghilini, 1906. 127 p.

e. *PORTO-MORIZIANO:*

701. Gentile, Lorenzo, *Monografia sulle piante forestali, industriali ecc. nel circondario di Porto Maurizio*. Oneglia, 1879.

f. *SAVONA:*

702. Nobaresco, F., *Piccolo vocabolario marinaresco italiano-savonese*. Savona, 1934. 101 p.

g. *SPEZIA:*

703. Merlo, Clemente, *Appunti sul dialetto della Spezia*. ITd XII (1936), 211-215.

h. *TABBIESE:*

704. Parodi, Ernesto Giacomo e Rossi, Girolamo, *Poesie in dialetto tabbiese del sec. XVII, illustrate da E. G. Parodi*. La Spezia, 1904. 74 p. Estratto dal *Giorn. Stor. e Letter. d. Liguria* IV. Con *Glossario*.

D. LOMBARD

705. Agnelli, Giovanni, *La Lombardia e i suoi dialetti nella Divina Commedia*. Venezia, Olschki, 1892. 62 p.

706. Battisti, Carlo, *Il confine dialettale lombardo-mantevano-emiliano in rapporto alle variazioni storiche del tronco medio del Po. RLR* IX (1933).

708. Bonelli, Giuseppe, *I nomi degli uccelli nei dialetti lombardi. Sfr* IX, 370-467.

——————————, *I nomi* . . . *S. Asl* III (serie XVIII), 184-186.

709. Contini, Gianfranco, *Per il trattamento delle vocali d'uscita in antico lombardo.ITd* XI (1935), 33-60.

710. Marcora, Ada Tristizia, *Topolessigrafia della Lombardia occidentale. La Geografia* XII (1924), 193-204, 230-266. Novara.

711. Pavesi, Pietro, *La distribuzione de'pesci in Lombardia*. Pavia, Fusi, 1896. 40 p.

712. Salvioni, Carlo, *Annotazioni sistematiche alla "Antica parafrasi lombarda" ecc. Lessico. Arch. Glott.* XII (1890-1892), 384-440; XIV (1898), 204-216.

713. Salvioni, Carlo, *L'elemento volgare negli statuti latini di Brissago, Intragna e Malesco. Boll. Stor. Svizz. Ital.* XIX (1897), 133-170.

714. Salvioni, Carlo, *Note varie sulle parlate Lombardo-sicule. Reale istituto lombardo di scienze e lettere*, Milan. *Mem. Classe di lettere, scienze morali e storiche* XXI (serie 3, XII), 1907, 255-302.

715 Stampa, Renato Agostino, *Contributo al lessico preromanzo dei dialetti lombardo-alpini e romanci*. Zürich & Leipzig, M. Niehan, 1937. 26 p.

716. Wiese, Berthold, *Eine altlombardische Margarethenlegende: kritischer Text nach acht Handschriften mit einleitenden Untersuchungen herausgeben von B. W.* Halle, Niemeyer, 1890. cxx-108 p. Con *Glossario* (p. 88-101).

a. *ABBIATENSE:*

717. Cozzi, Carlo, *Le piante e i fiori nel vernacolo abbiatense*. Abbiategrasso, Bollini, 1907. 28 p.

b. *BERGANO:*

718. Bible. *New Testament. Gospels. Matthew. Il Vangelo di S. Matteo, volgarizzato in dialetto bergamasco, dal Sig. P. Locatelli*. Londra, 1860. iv-120 p.

719. Caffi, Enrico, *Gli uccelli del Bergamasco* . . . Bergamo, Conti, 1913. 94 p.

720. Caffi, Enrico, *Saggio di dizionario della avifauna bergamasca*. Bergamo, tip. S. Alessandro, 1898. 23 p.

721. Carminati, M. e Viaggi, G. G., *Piccolo vocabolario bergamasco-italiano*. Lovere, Amighetti, 1906. 159 p.

722. Ettmayer, Karl, *Bergamaskische Alpenmundarten*. Leipzig, O. R. Reisland, 1904. vi-91 p.

723. Gasparino, Barzizza, *Vocabolarium breve Magistri Gasparini Pergomensis* . . . Venezia, 1554. 63 p.

724. Grion, Guisto, *Vocabolarietto latino-bergamasco dal sec. XV*. PR III (pt. I) 1870, 80-88. Bologna, Romagnoli.

725. Lorck, E. Jean, *Altbergamaskische Sprachdenkmäler*, (ix-xv Jahrhundert). *Herausgegeben und erläutert von J. E. Lorck*. Halle, Niemeyer, 1893. 236 p. (Romanische Bibliothek X). The principal text in the collection is a Latin-Bergamask glossary.

726. Lovarini, Emilio, *La Venexiana: Commedia di ignoto cinquecentista a cura di E. L.* Bologna, Zanichelli, 1928. 153 p. Con *Glossari italiano, veneziano, bergamasco*.

727. Marcora, G. A., *Esperimento di una grammatica bergomense-ital. pei giovanetti*. Milano, Boniardi-Pogliani, 1854. 329 p.

728. Rosa, Gabrielo, *Dialetti, costumi e tradizioni delle provincie di Bergamo e di Brescia*. Bergamo, tip. Mazzoleni, 1855. 167 p.
—————————, *Dialetti* . . . Bergamo, tip. Pagnoncelli, 1857.
—————————, *Dialetti* . . . Brescia, Malaguzzi, 1877. xvi-199 p.

729. Rosa, Gabriele, *Documenti storici posti nei dialetti, nei costumi, nelle tradizioni e nelle denominazioni de'paesi intorno al Lago di Iseo, recherche di Gabriele Rosa*. Bergamo, Stamp. Mazzoleni, 1850. 84 p.

730. Salvioni, Carlo, *Etimologie bresciane e bergamasche: publicazione postuma*. ITd III (1927), 217-233.

731. Tiraboschi, Antonio, *Appendici al Vocabolario dei dialetti bergamaschi* . . . Bergamo, Bolis, 1879. 240 p.

732. Tiraboschi, Antonio, *Saggio di un vocabolario bergamasco*. Bergamo, Crescini, 1859. 30 p.

733. Tiraboschi, Antonio, *Vocabolario dei dialetti bergamaschi antichi e moderni*. Bergamo, Bolis, 1873. 1436 p.

734. Zappettini, S., *Vocabolario bergamasco-italiano* . . . Bergamo, 1859. 540 p.

735. Zerbini, Elia, *Note storiche sul dialetto bergamasco.* Ateneo di sci., lettere ed arti, Bergamo. *Atti* (1887). Anno 8; dispensa 1, article 5, i-lxvii.

c. *BOBBIESE:*

736. Cipolla, Carlo, *Inventari trascritti da pergamene bobbiesi dei sec. XIII-XIV. Miscellanea di Storia Ital.* (serie 3) XIII (XLIV of the collection), 1909, 233-278. Con *Glossario* (p. 247-278).

d. *BREGAGLIOTTI:*

737. Guarnerio, Pier Enea, *Appunti lessicali bregagliotti. RIL* XLI, no. 5 & 8.

e. *BRESCIAN:*

738. Bettoni, Eugenio, *Podromi della faunistica bresciana.* Brescia, Apollonio, 1884. 316 p. Con *Vocabolario zoologico bresciano* (p. 294-316).

739. Carini, Giovanni, *Appunti per un vocabolario ornitologico bresciano.* Brescia, Apollonio, 1907. 91 p.

740. Melchiori, G. B., *Vocabolario Bresciano-Italiano.* Brescia, 1817.
———————, *Vocabolario . . . Appendice . . .* Brescia, 1820. 58 p.

741. Pellizzari, Bartolemeo, *Vocabolario bresciano e toscano . . .* Brescia, Pietro Pianta Stampator Camerale, 1759.

742. Pinelli, Stefano, *Piccolo dizionario delle voci bresciane che materiamente si allontanano dalle equivalenti italiane.* Brescia, Romiglia, 1851.

743. Rosa, Gabriele, *Vocabolario bresciano-italiano delle sole voci che si scostano fra loro.* Brescia, tip. del pio istituto Pavoni, (1878). 1200 p.

744. *Vocabolarietto bresciano-italiano.* Brescia, Valentini, 1872. 24 p.

f. *CAMANO:*

745. Tempini, O., *Il dialetto camano a Dapo di Ponte e nei dintorni.* Brescia, Lizzago, 1908.

g. *CLUSONE:*

746. Bert, Paolo, *Le patois de la haute vallée du Cluson: essai de philologie romane.* Mortara, Botto, 1907. 32 p.

h. *COMO:*

747. Monti, Pietro, *Saggio di vocabolario della Gallia cisalpina e Celtica e appendice al vocabolario dei dialetti della città e diocesi di Como* . . . Milano, 1856.

748. Monti, Pietro, *Vocabolario dei dialetti della città e diocesi di Como* . . . Milano, 1845.

i. *CREMASCO:*

749. Samarani, Bonifacio, *Vocabolario cremasco-italiano del Professore Bonifacio Samarani.* Crema, a spese dell'autore, 1852.

j. *CREMONESE:*

750. Fumagalli, C., *Il nuovo Peri: vocabolario manuale cremonese-italiano* . . . Cremona, tip. degl'Interessi Cremonesi, 1880 391 p.

751. Peri, Angelo, *Vocabolario cremonese-italiano.* Cremona, 1847.

752. Vercelli, Andrea, *Saggio di circa quattro cento vocaboli familiari cremonesi, coi corrisp. italiani.* Cremona, 1828.

k. *LODIGIANO:*

753. Agnelli, Giovanni, *Dizionario storico-geografico del lodigiano.* Lodi, tip. della Pace, 1886. viii-328 p.

l. *MANTOVA:*

754. Arrivabene, Ferdinando, *Vocabolario italiano-mantovano.* Mantova, stab. tip. Aldo Manuzio, 1892. 110 p.

755. Arrivabene, Ferdinando, *Vocabolario mantovano-italiano.* Mantova, Eredi Segna, 1882. xxix-954 p.

756. Berni, Ettore, *Vocabolarietto mantovano-italiano* . . . Mantova, Mondovì, 1882.

———————, *Vocabolarietto* . . . Mantova, Mondovì, 1904. xii-406 p.

757. Cherubini, Francesco, *Vocabolario mantovano- italiano, di F. C.* . . . Milano, G. B. Bianchi e Co., 1827. xxviii-212 p.

758. Chiavelli, Dionigio, *Animali e vegetali più comuni del Mantovano: manualetto mantovano-italiano per le scuole elementari.* Mantova, Apollonio, 1898. 32 p.

759. Cian, Vittorio, *Vivaldo Belcalzer e l'enciclopedismo italiano delle origini.* Supplem. V del *Giorn. Stor. Letter. Ital.* Torino, Loescher, 1902. 192 p.

760. Luzio, Alessandro, *Lessico aggiunto a "Le Maccheronee" di Merlin Cocai (Teofilo Folengo). Scrittori d'Italia* II (1911), 315-359. Bari, Laterza.

761. Merlino, Coccajo, *Theophili Folengi vulgo Merlini Coddaj opus Macaronicum* ecc. Amstelodami, Braglia, 1748-71. Con *Saggio d'un vocabolario mantovano, toscano e latino* (II: p. 361-411).

m. *MENEGHINO:*

762. Centemeri, Gerardo, *Dal meneghino al'italiano, con la guida de "I Promessi Sposi": dizionarietto meneghino-italiano,* ecc. Torino, soc. edit. Internazionale, 1924. 128 p.

n. *MILANESE:*

763. Alighieri, Dante, *Della versione (di frammenti) dell'Inferno in dialetto milanese (per Carlo Porta).* Edited by Tommaso Grossi. Milano, 1821. 46 p.

764. Alione, Giovanni Giorgio, *Commedia e farse carnavalesche nei dialetti astigiano, milanese e francese misti con latino barbaro, composte sul fine del sec. XV da G. G. Alione.* Milano. G. Daelli e Co., 1865. xvi-382 p.

765. Angiolini, Francesco, . . . *Vocabolario milanese-italiano coi segni per la pronuncia; preceduto da una breve grammatica del dialetto e seguito dal repertorio italiano-milanese* . . . Torino, G. B. Paravia e Co., 1897. xxxiii-1053 p.

766. Arrighi, Cletto, *Dizionario milanese-italiano, col'repertorio italiano-milanese.* Milan, Hoepli, 1896. xi-900 p.

767. Banfi, Giuseppe, *Vocabolario milanese-italiano compilato per la gioventù dal professore G. B.* Milano, Pirotta, 1852. xii-956 p.

―――――――――, II edizione. Milano, A. Ubicini, 1857. xxx-815 p.

―――――――――, III edizione. Milano, G. Brigola, 1870. xxi-792 p. Includes a *Saggio della dialettologia italiana, di F. Cherubini* . . . (p. xix-xxvii).

768. Berlan, Francesco, *Le due ediz. milanese e torinese delle Consuetudini di Milano del 1216: cenni.* Venezia, Grimaldo, 1872. 296 p.

769. Bible. *New Testament. Gospels. Matthew. Il Vangelo di S. Matteo, volgarizzato in dialetto milanese dal Sig. A. Picozzi.* Londra, 1859. v-124 p.

770. Brïanzi, Luigi, *Breve Raccolta di Parole, Proverbi, Voci di paragone e d'arti e mestieri, compilata da Luigi Brianzi.* Milano, presso l'antore e presso i Fratelli Dumolard, 1873.

771. Cantù, Cesaro, *Manzoni e la lingua milanese. Notizie sul prezioso "Lessico" del Cherubini.* Milano, Molinarï, 1875. 38 p.

772. Capis, Giovanni e Biffi, Giovanni Ambrogio, *Varon Milanes de la Lengua da Milan (di G. C. di Domodossola) e Prissian da Milan de la Parnonzia Milanesa, di Giov. A. Biffi milanese) stampa de noùu.* Milano, per Gio. Jacomo Como libraro, 1606.

773. Cappelletti, Eugenio, *Vocabolario Milanese-Italiano-Francese . . . ad uso della gioventù.* Milano, Boniardi-Pogliani, 1848. 544 p.

774 Cherubini, Francesco, *Vocabolario milanese . . .* Milano, Stamperia Reale, 1814.

———, *Vocabolario . . .* Milano, 1839-56.

———, *Vocabolario . . . Rifusa ed sumentata da Gemello Gorini e Vincenzo de Castro.* Milano, Toccacelï, 1870.

775. *Codice del maestro elementare milanese.* Milano, A. Vallardi, 1895. 94 p.

776. Errera, Rosa e Emilia, *Voci e modi errati: saggio di correzione di idiotismi e d'altri errori dell'uso milanese.* Milano, Albrighi e Segati, 1898. 119 p.

777. Grossi, Tommaso, *La fuggitiva; novella in dialetto milanese, colla traduzione libera italiana.* Milano, Borroni e Scotti, 1844. 47 p.

778. Hess, Emma, *I documenti letterarî più antichi del dialetto milanese.* Milano, tip. La Stampa commerciale, 1919. 55 p.

779. Keller, Emil, *Die Reimpredigt des Pietro da Barsegapè. Kritischer Text mit Einleitung, Grammatik und Glossar.* Frau-

780. Keller, Emil, *Die Sprache der Reimpredigt des Pietro da Barsegapé.* Frauenfeld, Huber, 1896. viii-63 p.

781. Mussafia, Adolf, *Darstellung der altmailändischen Mundart nach Bonvesin's Schriften.* Kais. Akad. d. Wissensch. Philos-Hist. Cl. Sitzungsb. LIX (1868), 5-40.

782. Ottolini, Angelo, *Esercizi di traduzione dai dialetti della Lombardia: Milanese.* Firenze, Bemporad, 1925.

783. Pavia, Luigi, *Sulla parlata milanese e suoi connessi: nuovi studi fonico-grafici, filologici, storici, comparativi.* Bergamo, tip. dell'Orfanotrofio maschile, 1928. xvi-456 p.

784. Porta, Carlo, *Poesie edite e inedite* . . . *Con frammenti varianti, glossario* . . . Milano, Hoepli, 1929.

785. Righetti, Carlo, *Dizionario milanese-italiano, col repertorio italiano-milanese.* Milano, Hoepli, 1896. xi-900 p.

786. **Robecchi, Levino, *Crespi Gaetano e Campagnani Policarpo. Sul concorso di un dizionario milanese-italiano: osservazioni di tre meneghini ai lavori premiati.*** Milano, Robecchi, 1897. 32 p.

787. Rotta, Paolo, *Raccolta di frasi, proverbi e traslati in dialetto milanese, esprimenti nomi, verita e concetti di religione e morale cristiana.* Milano, tip. Patronato, 1893. 163 p.

788. *Saggio di un dizionario metodico del dialetto milanese.* Milano, G. Agnelli, 1887. 9 p.

789. Salvioni, Carlo, *Fonetica del dialetto moderno della città di Milano* . . . Torino, Loescher, 1884. 305 p.

790. Salvioni, Carlo, *Osservazioni sull'antico vocalismo milanese, desunte dal metro e dalla rima del codice berlinese di Bonvesin da Riva.* Firenze, Ariani, 1911. 22 p.

791. *Vocabolarietto milanese-fiorentino del secolo XV. Il Borghini* I (1874-75), 311-314, 343-346, 361-363, 370-375. Firenze, tip. del Vocabolario.

792. *Vocabolario tascabile milanese-italiano, segnatamente per le arti e mestieri.* Milano, tip. e Libreria Pirotta e Co., 1847.

o. *PARRESE:*

793. Tiraboschi, Antonio, *Parre e il gergo de'suoi pastori.* Bergamo, Pagnoncelli, 1864. 22 p.

p. *PAVIA:*

794. Annovazzi, Aristide, *Nuovo vocabolario pavese-italiano* . . . Pavia, Stab. tip. succ. Bizzoni, 1935. 432 p.

795. *Dizionario domestico pavese-italiano.* Pavia, Bizzoni, 1829. 129 p.

796. Gambini, Carlo, *Vocabolario pavese-italiano ed italiano-pavese.* Pavia, tip. Fusi e Co., 1850. 346 p.

————————, *Vocabolario* . . . Como, Giorgetti, 1874.

————————, *Vocabolario* . . . Milano, Stamperia Reale, presso G. Agnelli, 1879. 286 p.

———————, *Vocabolario* . . . Pavia, press. succ. Bizzoni, 1879. 286 p.

797. *Locuzioni (Itorno ad alcune) del dialetto pavese*, per C. C. Pavia, Marelli, 1885. 25 p.

798. Manaresi, Cesaro, *Spigolature degli archivi pavesi. Archivio storico lombardo* (1924), 7. Milano.

799. Manfredi, Rodolfo, *Dizionario Pavese-Italiano coll'aggiunta delle frasi più comuni*. Pavia, Stab. tip. succ. Bizzoni, 1874.

800. Rampoldi, Roberto, *Prima serie di cento nuovi vocaboli aggiunti ai dizionari dialettali, con note e osservazioni*. Pavia, tip. Coop., 1928. 31 p.

801. *Saggio di uno studio sul dialetto pavese*. Pavia, Marelli, 1884. 201 p.

802. Salvioni, Carlo, *Dell'antico dialetto pavese*. Pavia, Fusi, 1902. 63 p.

803. Salvioni, Carlo, *Vecchie voci pavesi*, Boll. della Soc. Pavese di storia patria III (I).

q. *TREVIGLIESE:*

804. Facchetti, G., *Il dialetto trevigliese*. Treviglio, Messaggi, 1902. 51 p.

r. *VALSASSINO:*

805. Arrigoni, Luigi, *Florilegio di voci valsassine . . . Notizie storiche dela Valsassina di Giuseppe Arrigoni*. Lecco, Grassi, 1889.

s. *VALTELLINA:*

806. Lombardini, Rini Lina, *Favole e racconti in dialetto di Valtellina: essercizi di traduzione dal dialetto*. Palermo-Roma, Sandron, 1926.

807. Massara, Giuseppe Filippo, *Prodomo della flora valtellinese . . .* Sondrio, Della Cagnoletta, 1834. 219 p.

808. Salvioni, Carlo, *Etimologie valtellinesi: publicazione postuma.* ITd I (1924-25), 213-228.

t. *VALVESTINO:*

809. Battisti, Carlo, *Die Mundart von Valvestino. Ein Reisebericht*. Wien, A. Hölder, 1913. 76 p.

u. *VIGEVANESE:*

810. Colombo, Alessando, *Vocabolario Vigevanese-Italiano. Riv. della soc. Vigevanesa di lettere, storia ed arti* I (1907).

E. EMILIAN

811. Baroni, Zanetti Sara, *Primo contributo alla conoscenza dei termini dialettali geografici usati nell'Emilia*. Atti X Congresso geogr. ital. I (1827), 12.

812. Salvioni, Carlo, *Etimologie emiliane e romagnole: publicazione postuma*. ITd II (1926), 251-259

a. BADI:

813. Zanardelli, Tito, *Saggi folkloria in dialetto, di Badi. Con glossario*. Bologna, N. Zanichelli, 1910. 89 p.

b. BOLOGNA:

814. Aureli, Mariano, *Nuovo dizionario . . . del dialetto bolognese . . .* Bologna, Chierici, 1851. 344 p.

815. Bible. *New Testament. Gospels. Matthew. Il Vangelo di S. Matteo . . . in dialetto bolognese dal conte C. Pepoli*. Londra, 1862. 120 p.

816. Brianzi, Luigi, *Breve raccolta di parole, frasi proverbi, voci di paragone e d'arti e mestieri in Bolognese, Italiano e Francese . . .* Milano, presso l'Autore, 47 p.
———————————, *Breve raccolta . . .* Bologna, N. Zanichelli, 47 p.

817. Buini, Giuseppe Maria, *L'Dsgrazi d'Bertuldin dalla Zena miss in rime da G. M. Buini Accademic dal Tridell d'Bulogna. Con le Osservazioni e Spiegazioni del Vocabil, ecc.* Bologna, Costantino Pisarri, 1736.

818. Coronedi Berti, Carolina, *Vocabolario bolognese-italiano*. Bologna, G. Monti, 1869-74. xl-638; 609 p.

819. Ferrari, Claudio, *Vocabolario bolognese co'sinonimi italiani e franzesi*. Bologna, 1820. xviii-313 p.
———————————, II edizione. Bologna, tip. della Volpe, 1835. xlii-619 p.
———————————, III edizione. Bologna, Mattiuzzi e de' Gregori, 1853. liii-612-90 p.

820. Frati, Luigi, *Speglio di voci usate negli statuti del comune di Bologna degli anni 1250 al 1267 o non notate o notate in altro significato nel Glossarium mediae et infimae latinitatis di Carlo Du Cange, non che di parecchie voci errati*. Bologna, Regia tip., 1883. 48 p. Estratto dal *III degli Statuti suddetti*.

821. Gaudenzi, Augusto, *I suoni, le forme e le parole dell'odierno dialetto della città di Bologna; studio seguito da una serie di antichi testi bolognesi inediti in latino, in volgare, in dialetto.* Torino, Loescher, 1889. lvi-292 p.

822. Longhi, Alessandro, *Dizionario etimologico-scientifico del dialetto bolognese colle lingue italiana, spagnuola, francese, inglese, tedesca, celta, belgica, latina, greca ed ebraica, scritto da Aless. Longhi, opera filologica scientifica che serve a mostrare l'unità in origine dei linguaggi umani.* Bologna, Soc. tip. dei Compositori, 1874.

823. Montalbani, Ovidio, *Cronoprostasi Felsinea ... del Parlar Bolognese e Lombardo ecc.* Bologno, Giacomo Monti, 1653.

824. Montalbani, Ovidio, *Vocabolista Bolognese ... ecc.* Bologna, G. Monti, 1660.

825. Sandri, Mario, *Dialetto e idioma: esercizî di lettura e traduzione dal dialetto bolognese in italiano.* Trieste, la Editoriale libraria, 1925.

826. Tamassia, N., *Proemi e glosse nell'antica letteratura giuridica bolognese. Studi e memorie per la storia dell'università di Bologna* I (1909), 89 p.

827. Toni, Giuseppe, *Vocabolario compendiato del dialetto bolognese.* Bologna, tip. Editr. A. S. Tommaso d'Aquino, 1850. xvi-480 p. Con *Appendice* (p. 457-469).

828. Ungarelli, Gaspare, ... *Vocabolario del dialetto bolognese* ... Bologna, Stab. tip. Zamorani e Albertazzi, 1901. 340 p.

829. *Vocabolario (Nuovo) del dialetto bolognese colla corrispondente lingua italiana.* Bologna, tip. di Antonio Chierci editore proprietario, 1862.

830. *Vocabuolista (Solemnissimo).* Bologna, Domin. de Lapi, 1479.

831. Zanardelli, Tito, *Inventario di ferramenti del 1447 in dialetto bolognese con lessico illustrativo.* Bologna, Zanichelli, 1911. 55 p.

c. *FAETINO:*

832. Zambrini, Francesco, *Dei dialetti romagnoli in genere e del faentino specialmente: lettera.* Bologna, Fava e Garagnani, 1873.

d. FERRARA:

833. Avogadri, Umberto, *Forme e voci dialettali più comunemente usate dai Ferraresi nella lingua italiana*. Ferrara, Bresciani, 1901. 41 p.

834. Azzi, Carlo, *Nomenclatura metodica ferrarese-italiana*. Ferrara, 1869.

835. Azzi, Carlo, *Vocabolario domestico ferrarese-italiano*. Ferrara, 1857. 382 p.

836. Ferri e De Sisti, *A l'ombra dal castel: antologia dialettale ferrarese per gli esercizi di traduzione in italiano*. Palermo, Sandron, 1926.

837. Ferri, Luigi, *Vocabolario ferrarese-italiano, compilato sullo studio accurato del Dizionario ferrarese di Carlo Azzi e di quelli italiani del Fanfani, Rigutini, Trinchera, Tommaseo, Longhi, Melzi, Carena e Rambelli*. Ferrara, tip. Sociale, (1889). 510 p.

838. Nannini, Francesco, *Vocabolario portatile ferrarese-italiano; ossia, Raccolta di voci ferraresi le più alterate, alle quali si sono contrapposte le corrispondenti voci italiane . . .* Ferrara, Gli eredi di G. Rinaldi, 1805. 279 p.

e. FIORENZUOLA D'ARDA:

839. Casella, Mario, *Fonologia del dialetto di Fiorenzuola d'Arda*. Perugia, Unione tip. coop., 1922. 71 p.

f. FRIGNANESE:

840. Pulle, Francesco Lorenzo, *Dialetti modenesi: schizzo dei dialetti del Frignano*. Rocco S. Casciano, Cappelli, 1895. 55 p.

g. GUASTALLESE:

841. Guastalla, A., *Dal dialetto guastallese alla lingua nazionale: prontuario in ordine alfabetico per le scuole elementari* . . . Guastalla, Torelli, 1929. 286 p.

h. IMOLESE:

842. Bottiglioni Gino, *Fonologia del dialetto imolese*. Pisa, Mariotti, 1919. 47 p.

843. Tozzoli, Giovanni, *Piccolo dizionario domestico imolese-italiano*. Imola, 1857.

i. LIZZANO:

844. Malagoli, Giuseppe, *Fonologia del dialetto di Lizzano in Belvedere*. Pisa, Simoncini, 1930. 96 p.

——————————, *Fonologia* . . . *ITd* VI (1930), 125-196.

j. *MIRANDOLESE:*

845. Lolli, Flaminio, *Serie di mille vocaboli vernacoli mirandolesi, fatti toscani.* Mirandola, Moneti e Manni, 1862. 26 p.

846. Meschieri, E., *Vocabolario Mirandolese-Italiano.* Bologna, Regia tip., 1876. xx-288 p.

k. *MODENA:*

847. *Almanacco modenese per l'Anno* 1827. "Mille voci modenesi colle loro corrispondenze toscane." Modena, (1827?). 56 p.

848. Bertoni, Giulio, *Il dialetto di Modena, introduzione grammatica, testi antichi.* Torino, E. Loescher, 1905. viii-78 p.

849. Bertoni Giulio, *Note etimologiche e lessicali emiliane.* ZfrPh XXXIII, 733-735; XXXIV, 203-210; XXXV, 67-70.

850. Bertoni, Giulio, *Per il volgare di Modena del sec. XIV.* ZfrPh XXIX (1905), 214-218.

851. Bertoni, Giulio, *Per la storia del dialetto di Modena: note etimologiche e lessicali.* Torino, Loescher, 1913. 29 p.

852. Bertoni, Giulio, *Profilo storico del dialetto di Modena (con un' appendice di "Giunte a vocabolario modenese") di Giulio Bertoni.* Genève, L. S. Olschki, 1925. 88 p.

853. Galvani, Giovanni, *Saggio di un glossario modenese, ecc. . . .* Modena, Immac. Concezione, 1868. 581 p.

854. Maini, Luigi, *Catalogo alfabetico di quasi tutte le uve o viti conosciute e coltivate nella provincia di Modena, e Reggio secondo i loro nomi volgari.* Modena, Moneti, 1851.

———————, II edizione. Modena, Soriani, 1854.

855. Maranesi, Ernesto, *Piccolo vocabolario del dialetto modenese colle voce corrispondente italiana per E. M.* Modena, Immac. Concezione, 1869.

856. Maranesi, Ernesto, *Vocabolarietto domestico del dialetto modenese colle voce corrispondente italiana per E. M.* Modena, Immac. Concezione, 1867-68. 68 p.

857. Maranesi, Ernesto, e Papini, Pietro, *Vocabolario modenese-italiano.* Modena, Soc. tip., 1893. xxiv-448 p.

858. *Nomenclatura italiana allato alle voci del dialetto modenese per esercitazioni pratiche di lingua per le scuole elementari.* Modena, Toschi, 1881. 125 p.

l. *NOVELLARA:*

859. Malagoli, Giuseppe, *Fonologia del dialetto di Novellara. Appendice: saggio di testi dialettali.* Torino, Loescher, 1919. 16 p.

m. *PARMA:*

860. Malaspina, Carlo, *Vocabolario tecnico parmigiano-italiano.* Parma, tip. Adorni, 1873. 550 p.

861. Malaspina, Carlo, *Vocabolario parmigiano-italiano accresciuto di più che cinquanta mila voci compiato con nuovo metodo.* Parma, 1856-59.

862. Paltrinieri, Vincenzo, *Toponomastica parmense ed altri studi sul dialetto delle province parmensi.* Crisopoli, 1934.

863. Pariset, Carlo, *Piccolo dizionario parmigiano-italiano ad uso delle scuole e delle famiglie.* Parma, tip. Adormi, 1875. 212 p.

864. Pariset, Carlo, *Vocabolario Parmigiano-italiano.* Parma, Ferrari e Pellegrini, 1885-92. 963, 877 p.

865. Peschieri, Ilario, *Dizionario parmigiano-italiano e appendice di giunte e correzioni al dizionario parmigiano-italiano, di I. P.* Parma, Blanchon, 1828.

——————————, *Dizionario* . . . Borgo San Dormino, G. Vecchi, 1836-41.

——————————, *Dizionario* . . . Borgo San Dormino. 1853-88 .

866. Peschieri, Ilario, *Supplemento al dizionario parmigiano-italiano.* Parma, 1853-1888.

867. Piagnoli, Agide, *Fonetica parmigiana, riordinata ed accresciuta delle note morfologiche per cura di Antonio Boselli.* Torino, tip. Salesiana, 1904. 83 p.

868. *Piccolo Dizionario parmigiano-italiano ad uso dei fanciulli.* Parma, tip. della Soc. fra gli Operaitipografi, 1871.

n. *PIACENTINO:*

869. Bertazzoni, Pietro, *Ezercizî in dialetto piacentino da tradursi in italiano per le scuole rurali.* Piacenza, Marchesotti, 1872. 72 p.

870. Bracciforti, Alberto, *Dizionarietto botanico piacentino-latino.* Piacenza, Solari, 1877. 24 p.

871. Cerri, Leopoldo, *Il dialetto piacentino.* Piacenza, Solari, 1910. 11 p.

872. Foresti, Lorenzo, *Supplemento al Vocabolario Piacentino-Italiano* . . . Piacenza, dai torchi di A. Del Maino, 1842.

873. Foresti, Lorenzo, *Vocabolario piacentino-italiano* . . . Piacenza, Fratelli del Maino tip., 1836.

————————, II edizione. Piacenza, F. Solari, 1855.

————————, III edizione. Piacenza, F. Solari, 1882. xviii-752 p.

874. Nicolli, Francesco, *Catologo di voci moderne piacentine-italiane per guidare agli oggetti filologichi antichi dello stato ducale di Piacenza.* Piacenza, Tedeschi, 1832. 96 p.

o. *RAVENNATE:*

875. Aruch, Aldo, *Un lessichetto ravennate del sec. XVII.* Torino. Loescher, 1920. 12 p.

876. Galvani, Elisa, *Raccolta di vocaboli e modi errati in uso nelle Romagne e principalmente in Ravenna, corredata di notizie grammaticali e linguistiche.* Ravenna, tip. Ravengnana, 1900. xiii-84 p.

p. *REGGIANO:*

877. Casali, Carlo, *I nomi delle piante nel dialetto reggiano.* Reggio nell'Emilia, Bondavalli, 1915. 126 p. Estratto dagli *citti del Consorzio Agricolo di Reggio nell'Emilia* I (1915).

————————, *I nomi* . . . *Addenda e Corrigenda* . . . Reggio Emilia, Officine Grafiche Reggiane, 1926. 19 p.

878. Casali, Carlo, *I nomi volgari reggiani delle principali piante nostrali e di quelle esotiche più comunemente coltivate e note.* Reggio Emilia, Artigianelli, 1905. 41 p.

————————, *I nomi volgari* . . . *Appendice* . . . Artigianelli.

————————, *I nomi volgari* . . . *secondo appendice* . . . Ivi 1911. 14 p.

879. Malagoli, Giuseppe, *Noterelle dialettali reggiane.* Reggio Emilia, Cooperativa, 1921. 10 p.

880. Malagoli Giuseppe, *Studî sui dialetti reggiani. Pt. II.* Torino, Loescher, 1910-11. 51 p.

881. Mattioli, Gugliemo, *Vocaboli reggiani o terminologia dei campanari reggiani a cura di G. M., maestro di musica.* Studî in onore di N. Campanini. Reggio Emilia, Coop. Lavor. Tip., 1921.

882. *Vocabolario reggiano-italiano*. Reggio, 1832. 480, 455 p.

q. *ROMAGNOLO:*

883. Battaglia, Sebastiano, *Saggio di nomenclatura romagnola-italiana*. Lugo, tip. del Lavoro, 1883.

884. Bible. *New Testament. Gospels. Matthew. Il Vangelo di S. Matteo, . . . in dialetto romagnuolo faentino dal Sig. A. Morri*. Londra, 1865. viii-119 p.

885. Mattioli, Antonio, *Vocabolario romagnolo-italiano, di A. M. Con appendice*. Imola, tip. d'I. Galeati e figlio, 1879. iv-775 p.

886. Morri, Antonio, *Manuale domestico-tecnologico di voci, modi, proverbi, riboboli, idiotismi della Romagna e loro corrispondente italiano segnatemente ad uso dele scuole elementari tecniche ginnasiali*. Persiceto, Giambattistelli e Brugnoli, 1863. 957 p.

887. Morri, Antonio, *Vocabolario romagnolo-italiano*. Faenza, 1840. vi-926 p.

888. Mussafia, Adolf, *Darstellung der romagnolischen Mundart*. Kais. Akad. d. Wissensch. Philos.-Hist. Cl. *Sitzungsb.* LXVII (1871), 653-724.

889. Schuerr, Friedrich, *Romagnolische Dialektstudien*. Kais Akad. der Wissenschaften in Wien. *Sitzungsb. Philosophisch-historische Klasse* CLXXXVII (1918); CLXXXVIII (1919).

890. Schuerr, Friedrich, *Romagnolische Mundarten; Sprachproben in phonetischer Transkription auf Grund phonographischer Aufnahmen*. Kais. Akad. der Wissenschaften in Wien. *Sitzungsb. Philos.-historische Klasse* CLXXXVI (1917), 80.

891. Zambrini, Francesco, *Dei dialetti romagnoli in genere e del faentino specialmente: lettera*. Bologna, Fava e Garagnani, 1873.

r. *SORAGNA:*

892. Boselli, Antonio, *Una cronaca semidialettale del sec. XVII con introduzione e glossario*. Parma, Zerbini, 1903. 50 p.

s. *TARESE:*

893. Emmanueli, Antonio, *L'alta valle del Taro e il suo dialetto: studi etnografici e glottologici*. Borgotaro, Cavanna, 1886. vii-377 p.

t. VALESTRA:

894. Malagoli, Giuseppe, *Studi sui dialetti regiani. Fonologia del dialetto di Valèstra.* ITd X (1934), 63-110.

F. TRE VENETIE AND NEIGHBORING DISTRICTS

a. VENETO:

895. Brenner, Oscar, *Ein altes italienisch-deutsches Sprachbuch: ein Beitrag zur Mundartenkunde des 15 Jahrhunderts.* München, Kaiser, 1895. 63 p. Estratto dalle *Bayerno Mundarten* II.

896. Camus, Jules, *Studio di lessicografia botanica sopra alcune note manoscritte del sec. XVI in vernacolo veneto. Atti Ist. Ven.* II (serie viii), 46.

897. Conti, Ab. Giovanni, *Dizionario di alcune frasi, modi avverbiali, detti e proverbi più comuni usati generalmente nel dialetto veneto, coi termini corrispondenti toscani compilato dall'Abate Giovanni Conti.* Vincenza, tip. Reale G. Burato, 1871.

898. Dusso, Attilio, *Almanacco veneto* ... Trieste, La Editoriale Libraria, 1924.

899. Fabria, Giovanni, *Lingua e dialetto; essercizî di traduzione del dialetto veneto* ... Trieste, La Editoriale Libraria, 1924.

900. Gaiter, Luigi, *Il dialetto veneto nel secolo di Dante.* Bologna, Fava e Garagnani, 1877. 15 p.

901. Irmici, Enrico, *Dizionarietto dialettale veneto contenente molti modi di dire e più di mille vocaboli ad uso de'forestieri e degli alunni delle scuole popolari.* Piove, Fabris, 1910. viii-9-86 p.

902. Medin, Antonio, *Glossario della Cronaca carrarese di Galeazzo e Bart. Gatari.* Città di Castello, Lapi, 1916. 13 p. Estratto dai *Rerum italicarum scriptores* (nuova ristampa) XVII.

903. Mutenelli, Fabio, *Lessico veneto che contiene una antico fraseologia volgare e forense, l'indicazione di alcune leggi e statuti, ec.* Venezia, G. Andreola, 1851. 425 p.

904. Nardo, Giovanni Dominico, *Ricerche filologiche comparitive sulla derivazione di alcune voci dei dialetti italiani specialmente veneti.* Venezia, Grimaldo, 1876. 6-67 p.

905. **Rosman, Enrico,** *Manualetto veneto per lo studio della lingua d'Italia.* Firenze, Bemporad, 1924. 120 p.

906. *Saggio di un dizionario del linguaggio archivistico veneto.* (Archivio di Stato di Venezia). Venezia, Naratovich, 1888. 74 p.

907. Toni, Ettore di, *Appunti dialettali. L'Ateneo Veneto* XXVII (1904), 327-370.

908. Vidossich, Giuseppe, *La lingua del tristano veneto. Sr* IV (1906), 67-148. *Con Lessico.*

b. *VENEZIANO:*

909. Alighieri, Dante, *La Divina Commedia: tradotta in dialetto veneziano da Gius. Cappelli.* Padova, tip. del Seminario, 1875. 482 p.

910. Baldan, Albano, *Versi veneziani, con regole di scrittura e di pronuncia.* Venezia, tip. Annuario del Veneto, 1906. 39 p.

911. Bible. *New Testament. Gospels. Matthew. Il Vangelo di S. Matteo, volgarizzato in dialetto veneziano, dal Sig. Gianjacopo Fontana.* Londra, 1859. 125 p.

912. Boerio, Giuseppe, *Dizionario del dialetto veneziano di G. Boerio.* Venezia, A. Santini e figlio, 1829. xiii-802 p.

————————————, II edizione. Venezia, Giovanni Cecchini, 1856. 824, 152 p.

913. Contarini, Pietro, *Dizionario tascabile delle voci e frasi particolari del dialetto veneziano, colla corrispondante espressione italiane* . . . Venezia, Co'tipi di G. Passeri Bragadin, 1844. 101 p.

————————————, II edizione. Venezia, Cecchini, 1852. 352 p.

————————————, III edizione. Venezia, tip. dell'Ancora, 1888. 233 p.

914. *Dizionario tascabile del dialetto veneziano.* Padova, tip. del Seminario, 1847.

915. Donati, Leone, *Fonetica, morfologia e lessico della raccolta d'esempî in antico veneziano.* Halle, Niemeyer, 1889. 53 p.

916. Gartner, Theodor, *Venezianisch xe=lat. est. ZfrPh* XXXI (1907), 611-616.

917. Luzzatto, Leone, *I dialetti moderni delle città di Venezia e Padova. Pt. I.* Padova, tip. Cooperativa, 1892. 31 p.

918. Michelagnoli, Alfredo, . . . *Dizionario veneziano-italiano, etimologico, storico, grammaticale, biografico.* Venezia, Soc. acc. Zanetti, (1935). 107 p.

919. Musatti, Cesare, *Carlo Goldoni e il vocabolario veneziano.* Ateneo veneto I (1913). 5-41.

920. Musatti, Cesare, *Un dizionario veneziano del Boerio e una lettera di D. Manin ad A. Zanchi.* Venezia, C. Ferrari, 1913. 4 p.

921. Nazari, Giulio, *Dizionario veneziano-italiano e regole di grammatica ad uso delle scuole elementari di Venezia* . . . Belluno, Tissi, 1876. 172 p.

922. Nazari, Giulio, *Libro della lingua per le scuole elementari di Venezia, corredato di un dizionario veneziano-italiano.* Belluno, Tissi, 1874. 176 p.

―――――――――, II edizione. Bellini, Tissi, 1876.

923. Ninni, Alessandro Pericleo, *Giunte e correzioni al dizionario del dialetto veneziano.* Venezia, tip. Longhi e Montanari, 1890. 121 p.

924. Novati, Francesco, *La "Navigatio Sancti Brendani" in antico veneziano edita ed illustrata.* Bergamo, Cattaneo, 1892. lviii-110 p. *Con Glossario.*

925. Paoletti, Ermolao, *Dizionario tascabile veneziano-italiano, di Ermolao Paoletti.* Venezia, tip. di F. Andreola, 1851. 391 p.

926. Patriarchi, Gaspero, *Vocabolario veneziano e padovano co' termini, e modi corrispondenti toscani.* Padova, Conzatti, 1775. 370 p.

―――――――――, II edizione. Padova, 1796.
―――――――――, III edizione. Padova, 1821.

927. Piccio, Giuseppe, . . . *Dizionario veneziano-italiano.* Venezia, La Poligrafica italiana, 1816. 149 p.

―――――――――, II edizione. Venezia, Libreria Emiliana Editrice, 1928. 8-215 p.

928. Predelli, Riccardo, *Le memorie e le carte di Alessandro Vittoria.* Arch. Trent. XXIII (1908). Con. *Glossaroi di termini veneziano d'arti e mestieri.*

929. Rossi, Vittorio, *La lettere di messer Andrea Calmo riprodotte sulle stampe migliori con introd. ed illustra. di V. R.* Torino, Loescher, 1888. 503 p. Con *Glossario.*

930. *Solennissimo Vochabuolista.* Bologna, Stampato da maestro Domenego De Lapi, 1479.

———————————, *Solennissimo* ... Venezia, per Joanne Baptista de Sessa, 1500.

c. *VENEZIA GIULIA:*

931. Bartoli, Matteo, *Le parlata italiane della Venezia Giulia e della Dalmazia.* Novara, De Agostini, 1920. 11 p.

932. Rosman, Enrico, *Vocabolarietto veneto giuliano, compilato da Enrico Rosman.* Roma, P. Maglione & C. Strini, successori di E. Loescher & Co., 1922. 142 p.

933. *Topolessigrafia della Venezia-Giulia: Contributo alla topolessigrafia italiana.* Udine, Moretti e Percotto, 1916. x-108 p. Reale Commissione per la revisione toponomastica della carta d'Italia. Istituto Geografico Militare.

d. *AMPEZZANO:*

934. Apolonio, Bruno, *Grammatica del dialetto Ampezzano: osservazioni sulla parlata ampezzana con relativi esempi.* Trento, arti graf. Tridentum, 1930, v-106 p.

935. Majoni, Angelo, *Cortina d'Ampezzo nella sua parlata; vocabolario ampezzano, con una raccolta di proverbi e detti dialettali usati nella valle* ... Forli, Valbonesi, 1929. xxxvi-185 p.

e. *BELLUNESE:*

936. De Gasperi, Giovanni Battista, *Termini geografici dialettali delle Prealpi bellunesi. Alto* XXV (1913), 43-48, 76-80. Udine.

937. Nazari, (Giulio), *Dizionario bellunese-italiano e osservazione di grammatica ad uso delle scuole elementari di Belluno* ... Oderzo, G. B. Bianchi, 1884. 178 p.

938. *Saggi di dialetti della prov. di Belluno.* Belluno, Cavessago, 1869. 19 p.

939. Toni, Ettore de, *Sui nomi vernacoli di piante nel Bellunese.* Reale istituto veneto. *Atti* LVI (1898), 195-206.

940. Vienna, Carlo, *Dialetto bellunese: saggio del dizionario inedito.* Belluno, Cavessago, 1905. 13 p.

f. *BURANESE:*

941. Nardo, Ciblele Angelina, *Studi sul dialetto di Burano.* Venezia, Visentini, 1898. 98 p.

g. *CADORINA:*

942. Da Ronco, Pietro, *Voci dialettali e toponomastiche cadorine: Studio.* Treviso, Turazza, 1913. 215 p.

943. Marinelli, Olinto, *Termini geografici dialettali raccolti in Cadore.* RGI VIII (1901), 89-101, 162-72.

944. Valsecchi, Giovanni, *Saggio di dialetti cadorini.* Venezia, tip. dell'Ancora, 1879. 18 p.

h. *CAPODISTRIANA:*

945. Babuder, Pio, *Singolarità lessicali e sintattiche della parlata capodistriana.* Capodistriana, Priora, 1928. 55 p.

946. Gravisi, Giannandrea, *Modi di dire attinenti a cose di mare usati a Capodistria. Pagine Istriane* III (1905), 134-136, 194; IV, 124.

———————, *Modi di dire . . . Archeografo Triestino* II (serie III), 414.

i. *CHERSO:*

947. Cella, Jacopo, *Modi di dire del volgare di Cherso. Aptp* XXIII, 224-229.

j. *CHIOGGIOTTO:*

948. Carlto, Ag., *Chioggia, il suo popolo e il suo dialetto.* Venezia, Cordella, 1884. 45 p.

949. Nardo, Dott. Giandomenico, *La pesca del pesce ne'valli della veneta laguna . . . monologo didascalico in versi nel dialetto de'pescatori chioggiotti colle versioni nella lingua comune d'Italia, giuntovi un saggio di canti popolari nello stesso dialetto . . . Con dichiarazione di molte voci volgari e con raffronti opportuni a filologico studio del Dott. G. Nardo.* Venezia, tip. del Commercio di Marco Visentini, 1871.

950. Padoan, Lorenzo, *Per la scrittura del dialetto di Chioggia.* Adria, Vidale, 1907. 94 p.

951. Zennaro, Angelo, *Vocaboli e proverbi popolari Chioggiotti.* Venezia, Pellizzato, 1905. 56 p.

k. *COMELICO:*

952. Tagliavini, Carlo, *Il dialetto del Comelico. Arch. Rom.* X (1926), 1-200.

l. *FIEMMESE:*

953. Rasmo, Riccardo, *Piccolo saggio sul dialetto di Fiemme.* Venezia, Cecchini, 1879. 32 p.

m. *FIUME:*

954. Berghoffer, Giuseppe, *Il dialetto fiumano: saggio grammaticale.* Fiume, Mohovich, 1895. 30 p.

n. *GIUDICARIESE:*

955. Gartner, Theodor, *Die judicarische Mundart. Sitzungsberichte der Wiener Akad. Phil.-hist. Klasse* C (1882).

956. Zingerle, Wolfram von, *Eine wälschtirolische Handschrift.* ZfrPh XXIV (1900), 388-394.

o. *GORIZIANO:*

957. Vignoli, Carlo, *Il parlare di Gorizia e l'italiano: confronti. Prefazione di E. Monaci.* Roma, Loescher, 1917. 84 p.

p. *GOSALDO:*

958. Pellis, Ugo, *Il gergo dei seggiolai di Gosaldo.* Torino, Chiantore, 1929. 542-586 p.

q. *GRADESE:*

959. *Saggi di parlata gradese.* Udine, Del Bianco, 1895.

r. *ISTRIA:*

960. Babudri, F., *Appunti lessicali sulla parlata della Campagna Istriana.* Capodistria, Carlo Priora, 1911. 40 p.

961. Gravisi, Giannandrea, *Termini geografici dialettali usati in Istria. Pagine Istriane* II (1904), 115-126.

962. Luciani, T., *Sui dialetti dell'Istria.* Arch. Ven. XXII (1875).

s. *LIVINALLONGO:*

963. Tagliavini, Carlo, *Il dialetto del Livinallongo. (Saggio lessicale).* Bolzano, Istituto di Studi per l'Alto Adige, 1934. 373 p.

t. *MOCHENA:*

964. Battisti, Carlo, *Appunti di fonetica mochena.* Pisa, Simoncini, 1924. 64 p.

———————, *Appunti ... ITd* I (1924-25), 27-90.

965. Lorenzi, Em., *Toponomastica Mochena.* Trento, Scotoni, 1930. 175 p.

u. *PADOVANO:*

966. Contarini, Nicolo, *Cataloghi degli uccelli e degli insetti delle provincie di Padova e Venezia compilati dal nobile sig. conte N. C. del fu Bertucci.* Bassano, Baseggio, 1843. 42 p.

967. Gloria, Andrea, *Codice diplomatico padovano dal secolo sesto a tutto l'undecimo preceduto da una dissertazione sulle condizioni della città e del territorio di Padova in que'tempi e da un glossario latino-barbaro e volgare.* Venezia, Visentini, 1877. cxxxix-411 p.

968. Pasqualigo, Christofo, *La lingua rustica padovana nei due poeti G. B. Maganza e Dom. Pittarini, con cenni su alcuni dialetti morti e vivi, e proverbi veneti.* Verona, libr. Dante, 1908. 8-154 p.

v. *POLESANA:*

969. Lorenzi, Arrigo, *Geonomastica polesana: termini geografici dialettali racolti nel Polesine.* RGI XV (1908), 28-43, 78-90, 149-169.

970. Mazzucchi, Pio, *Dizionario polesano-italiano.* Rovigo, tip. Sociale Editrice, 1907. 307 p.

w. *ROVIGNO:*

971. Devescovi, R., *Vita rovignese.* Rovigno, 1894. Sonnets with glossary.

x. *SOLANDRE:*

972. Battisti, Carlo, *Zur Sulzberger Mundart: ein Reisebericht. Anzeiger Philos.-Histor. Klasse d. Akad. der Wissensch. in Wien* XVI (1911), 189-240.

973. Gartner, Theodor, *Sulzberger Wörter. progr. d. k. k. Staats-Unterrealschule in V. Bezirke in Wien.* Leipzig, Breitkopf & Hartel, 1863. 30 p.

y. *TRENTINO:*

974. Azzolini, G. B., *Vocabolario vernacolo italiano pei distretti rovertano e trentino, compendiato da Giov. Bertanza.* Venezia, Grimaldo, 1856. 8-427 p.

975. Battisti, Cesare, *Intorno ad una raccolta di termini locali attinenti ai fenomeni fisici ed antropogeografici da iniziarsi nelle singole regioni dialettali d'Italia. Atti del III Congresso Geogra. Ital.* II (1898), 348.

976. Cesarini, Sforza Lamberto, *Il dialetto trentino confrontato col toscano e coll'italiano propriamente detto XII Annuario d. Alpin. Trident.,* 1896. 21-123 p.

977. Cesarini, Sforza Lamberto, *Spogli di pergamene (Arch. Com. di Terlago). II: Vocaboli e locuzioni. Arch. Trentino.* XVI (1901), 165-200.

978. Corsini, Giovanni, *Piccolo prontuario per giovani insegnanti della scuola popolare, in forma di dizionarietto delle voci più comuni del dialetto trentino*. Trento, Artigianelli, 1909. 218 p.

————————, II edizione. Trento, Artigianelli, 1914. 343 p.

979. Largaiolli, Vittorio, *I pesci del Trentino*. Trento, tip. Trentina, 1902. 46, 121 p.

980. Pedrotti, Giovanni, . . . *Vocabolarietto dialettale degli arnesi rurali della val d'Adige e delle altre valli trentine*. Trento, Soc. per gli studi trentini, 1936. 106 p.

981. Prati, Angelico, *Dal dialetto all'lingua: libro d'esercizii per la traduzione dal dialetto a uso delle scuole elementari trentine*. Milano, Trevisini, 1924. 45-72 p.

982. Ricci, Vittore, *Vocabolario trentino-italiano* . . . Trento, Zippel, 1898. 1-128 p.

————————, *Vocabolario* . . . Trento, Zippel, 1904. 522 p.

983. Schneller, Christian, *Die romanischen Volksmundarten in Südtirol, nach ihren Zusammenhange mit den romanischen und germanischen Sprachen, etymologisch und grammatikalisch dargestellt*. Gera, Amthor, 1870. 291 p.

z. *TREVISO:*

984. Chiarelli, Bonaventura, *Vocabolario del dialetto veneto, con riguardo speciale alla provincia di Treviso*. Treviso, tip. lit. Sociale, 1892. 32 p.

985. Ninni, Alessandro Pericleo, *Materiali per un vocabolario della lingua rusticana del contado di Treviso*. Venezia, Longhi e Montanari, 1891. 124 p.

————————, *Materiali . . . Appendice*. Venezia, Longhi e Montanari, 1892. 114 p.

986. Salvioni, Carlo, *Illustrazioni sistematiche all' "Egloga pastorale e sonetti ecc." VI: Lessico*. Arch. Glott. XVI (1902-04-05), 284-332.

987. *Vocabolarietto del dialetto trevisano, ad uso delle scuole*. Treviso, Zoppelli, 1885. 101 p.

(aa.) *TRIESTINO:*

988. *Avanzi dell'antico dialetto triestino*. Trieste, Balestra, 1891. 143 p.

989. Kosovitz, Ernesto, *Dizionario vocabolario del dialetto triestino e della lingua italiana.* Trieste, E. Kosovitz, 1890. 575 p.

990. Mainati, Giuseppe, *Dialoghi piacevoli in dialetto vernacolo triestino colla versione itialiana coll'aggiunta di nove lettere.* Trieste, 1828.

991. Rosman, Enrico, *Esercizi di traduzione dai dialetti delle Venezie: Trieste ed Istria.* Firenze, Bemporad, 1924.

992. Schatzmayr, Emilio, *Avanzi dell'antico dialetto Triestino: ciò è; sette Dialoghi piacevoli pub. dal Mainati, un sonetto, ed altri cimeli linguistici; con prefazione, traduzione moderna, e annotazioni critiche-esegetiche.* Trieste, J. Dase, 1891, 142 p.

993. Vidossich, Giuseppe, *Studi sul dialetto triestino.* Trieste. 1901.

994. Vidossich, Giuseppe, *Suffissi triestini.* ZfrPh XXVII (1903), 749-761.

995. Zenatti, Oddone, *La vita communale e il dialetto di Trieste nel 1426.* Trieste, Herrmanstorfer, 1888.

(bb.) *VALSUGANA:*

996. Prati, Angelico, *L'italiano e il parlare della Valsugana: confronti di A. P. per l'insegnamento della lingua nei comuni valsuganotti.* Roma, la Soc. (Filologica Romana), 1916. 71 p. Con Raccoltina di parole valsuganotte (p. 54-68).
—————————, II edizione. Roma, Maglione e Strini. 1917. 80 p.

997. Prati, Angelico, *Novo contributo geonomastico: bacino superiore del fiume Brenta.* RGI XIV (1907), 152-159, 221-229.

(cc.) *VERONA:*

998. Alighieri, Dante, *La Divina Commedia: tradotto in dialetto veronese col testo a fronte da Ant. Gaspari.* Verona, Rossi, 1873.

999. Angeli, Gaetano, *Piccolo vocabolario veronese e toscano.* Verona, 1821. 96 p.

1000. Angeli, Gaetano, *Saggio di un Dizionario veronese-italiano.* Verona, presso gli Eredi di Marco Moroni in Via Nuova alle Campane, 1810.

1001. Balladoro, Arrigo, *Alcune locuzioni del dialetto veronese.* Folklore Italiano II (1926), 121-126.

1002. Cesari, Antonio, *Per ogni lettera dell'alfabeto alcune voci del dialetto veronese e di fronte il toscano. Tornagusto degli Eruditi degli anni* 1818, 1819, 1820, 1821.

1003. Monti, Lorenzo, *Dizionario botanico veronese che comprende i nomi volgari veronesi delle piante da giardino col corrispondente latino linneano, cui aggiungonsi altre specie indigene, e i nomi italiani.* Verona, Mainardi, 1817. 159 p.

1004. Patuzzi, G. L. e Bolognini, G. Ca., *Piccolo dizionario del dialetto moderno della città di Verona.* Verona, 1901. xlviii-276 p.

1005. *Saggio di un dizionario veronese-italiano.* Verona, Moroni, 1810. 54 p.

1006. Trevisani Mosconi, Augusta, *Vernacolo e vernacolisti veronesi, con appendice di dizionari e messi innanzi cenni biografici sull'autrice per cura di E. Barbarani.* Verona, Cabianca, (1930). xlviii-87 p.

See also (143-a).

(dd.) VICENZA:

1007. Bartolan, Dominico, *Dialetto vicentino: documenti e illustrazioni.* Vicenza, tip. S. Giuseppe, 1888. 72 p.

1008. Bartolan, Dominico, *Vocabolario del dialetto antico vicentino, dal sec. XVI.* Vicenza, *Fonti*, 1893.

1009. Giuriato, Adolfo, *Conzoniere vicentino.* Vicenza, *La Carto-libraria*, 1920. 302 p. Con *Vocabolarietto*.

1010. Nazari, Giulio, *Dizionario vicentino-italiano e regole di grammatica ad uso delle scuole elementari di Vicenza* . . . Oderzo, tip. Bianchi, 1876. 164 p.

1011. Pajello, Luigi, *Dizionario Vicentino-Italiano, e Italiano-Vicentino preceduto da osservasioni grammaticali e da regole di ortografia applicata per Luigi nobile Pajello . . . Vicenza, Brunello e Pastorio,* 1896. 321 p.

1012. Pajello, Luigi, *Piccolo dizionario delle voci del dialetto vicentino recate in lingua.* Vicenza, tip. Burato, 1882. 66 p.

1013. Pittarini, Dominico, *"La politica dei vilani:" scene rusticane in due atti in versi . . . , col dizionario aumentato delle voci rustiche meno intese col loro rispettivo valore nel vernacolo vicentino e nella lingua italiana, di Dominico Pittarini . . .* Vicenza, G. Peronato, 1928. xii-16-180 p.

1014. Rumor, Sebastian, *Dizionario blasonico vicentino.* Vicenza, tip. S. Giuseppe, (1892). 47 p.

(ee.) *VIVERONE:*

1015. Clerico, Giuseppe, *Il dialetto di Viverone* . . . Biella, tip. Unione Biellese, 1923. 96 p.

(ff.) *ZARA:*

1016. Sabalich, Giuseppe, *Saggio di voci, modi e proverbi nella parlata popolare Zaratina.* Zara, 1892. 54 p.

IV. SWITZERLAND AND ITALIAN TYROL

A. SWISS-ITALIAN:

1017. Giacomelli, Raffaelle, *Atlante linguistico-etnografico dell'Italia e della Svizzera meridionale.* Arch. Rom. XVIII (1934), 57.

1018. Hobe, Franz, . . . *Die benennungen von siechel und sense in der romanischen Schweiz, von Franz Hobe.* Heidelberg, C. Winter, 1926. viii-48 p.

1019. Jaberg, Karl and Jud, J., *Un atlante linguistico-etnographico-svizzero-italiano.* Milano, 1923.

1020. Keller, Oscar, *Dialetti della Svizzera Italiana* . . . *Canton Ticino: Lugano, Cimadera (Val Colla), Morcote.* Inst. für Lautforschung an der Univ. Berlin (1934). *Lautbibliothek* Nr. 151-153.

1021. S. *Bolletin dell'Opera del Vocabolario della Svizzera Italiana.* ITd III (1927), 294-308; V (1929), 306-327; VI (1930), 275-290; VII (1931), 303-320; VIII (1932), 257-274; IX (1933), 263-298; X (1934), 263-298.

a. ARBEDESE:

1022. Pellandini, Vittore, *Glossario del dialetto d'Arbedo per V. P. con illustrazioni e note di C. Salvioni.* Boll. Stor. Svizz. Ital. XVII (1895), 73-85, 103-110, 132-147; XVIII (1896), 24-46.

b. BEDANO:

1023. Pellandini, Vittore, *Bedano: usi e costumi—dialetto, uomini illustri.* Schweiz. Archiv. Voldskunde (1904).

c. BELLINZONESE:

1024. Gualzata, Mario, *Di alcuni nomi locali del bellinzonese e locarnese.* ITd I (1924-25), 267-270.

1025. Gualzata, Mario, . . . *Studi di dialettologia alto-italiana.* I. Mario Gualzata: *Di alcuni nomi locali del bellinzonese e locarnese.* II. Ambrosina Blaeuer-Rini: *Giunte al Vocabolario di Bormio.* Genève, L. S. Olschki, 1924. 165 p.

d. *BLENIO:*

1026. Buchmann, Jean, *Il dialetto di Blenio . . . ITd* III (1927), 273-281.

————————, *Il dialetto . . .* Paris, Champion, 1924.

e. *BORMINO:*

1027. Longa, Glicerio, *Terminologia contadinesca di Bormino . . . Wörter und Sachen* III (1911), 110-117.

1028. Longa, Glicerio, *Vocabolario bormino.* Perugia, Unione tip. coop., 1912. 350 p.

f. *TICINESE:*

1029. Brösel, Konstantin, *Die betonten Vokale der Sprache im Kanton Tessin südlich vom Monte Cenere, Mendrisio-Lugano. Mit einem Wörterbuch.* Greiz, Löffler & Co.,

————————, *Die betonten . . . Boll. Stor. Svizz. Ital.* XXIII (1901), 141-149.

1030. Franzoni, Alberto, *Le piante fanerogame della Svizzera insubrica enumerate secondo il metodo decandolliano: opera postuma ordinata e annotata dal dott. A. Lenticchia.* Zurigo, 1888.

1031. Keller, Oscar, *Beiträge zur Tessiner Dialektologie. I. Die Mundart von Rovio (Lugano). II. Wörterbuch der mundart von Val Verzasca (Locarno).* Paris, E. Droz, 1937.

1032. Keller, Oscar, *Contributo alla conoscenza del dialetto di Val Verzasca, Ticino. Volkstum und Kultur der Romanen* VIII (1935), 141-209.

1033. Keller, Oscar, *Die Mundarten des Sottoceneri (Tessin). Dargestellt an Hand von Paralleltexten. RLR* X (1934).

1034. Monti, M., *Notizia dei pesci delle provincie di Como e Sondrio e del Canton Ticino.* Como, Franchi, 1864.

1035. Salvioni, Carlo, *Bibliografia dei dialetti ticinesi.* Bellinzona, Salvioni, 1900. 17 p.

g. *POSCHIAVO:*

1036. Michel, Johann, *Der dialekt del Poschiavotals . . .* Halle, Karras, 1905. 97 p.

1037. Salvioni, Carlo, *Il dialetto di Poschiavo a proposito di una recente descrizione. RIL* XXXIX (serie II), 477-94, 505-22, 569-86 and 603-622.

B. *ITALIAN TYROL:*

1038. Demattio, Fortunato, *Prove linguistiche sul dialetto della Valle di Fiemme nel tirolo Italiano.* '*L. Baosadro e l'Galantomo due racconti di R. Rasmo colla traduzione verbale italiana interlineare e con copiose note etimologiche e grammaticali* . . . Innsbruck, Wagner, 1881. 31 p.

1039. Reich, Desiderio, *Sul confine linguistico nel secolo XVI a Pressano, Avisio, S. Michele, Mezzocorona.* Accad di Sci., Lettere ed Arti degli Agiati in Rovereto: *Atti* VII (serie III), 285-324.

1040. Schneller, Christian, *Die romanischen Volksmundarten in Südtirol. Nach ihrem Zusemmenhange mit den romanischen und germanischen Sprachen etymologisch und grammatikalisch dargestellt.* Gera, E. Amthor, 1870.

V. REGIONS OUTSIDE KINGDOM

a. *CORSICAN:*

1041. Alfonsi, Tommaso, *Il dialetto corso nella parlata balanina.* Livorno, R. Giusti, 1932.

1042. Bible. *New Testament. Gospels. Matthew. Il vangelo di S. Matteo, volgarizzato in dialetto corso.* Londra, 1861, 124 p.

1043. Bottiglioni, Gino, *Atlante linguistico etnografico italiano della Corsica, promossa dalla R. Università di Cagliari.* Disegni di Guido Colucci. Pisa, 1933-37.

1044. Bottiglioni, Gino, *Il rafforzamento sintattico della consonante iniziale nei dialetti corsi.* RLR IX (1933).

1045. Bottiglioni, Gino, *La penetrazione toscana e le regioni di Pomonte nei parlari di Corsica.* ITd. II (1926).
———————, *La penetrazione* . . . *ITd* III (1927).

1046. Carlotti, Dominico, *Manualettu di parlata Corsa.* Aiacciu, A. Mavra, (1925). 80 p.

1047. Carlotti, Dominico, *Racconti e leggende di Cirnu bella; con un piccolo lessico.* Livorno, R. Giusti, 1930.

1048. Falcucci, Francesco Dominico, *Saggi illustrati di dialetti Corsi. Novella IX della giornata del Decameron di Giovanni Boccaccio.* Livorno, tip. Vannini, 1875. xv-25 p.

1049. Falcucci, Francesco Dominico, *Vocabolario dei dialetti, geografia e costumi della Corsica* . . . Cagliari, La Soc. storica Sarda, 1915. xxiii-473 p.

1050. Filippi, J. M., *Recueils de sentences et dictions usités en Corse avec traduction et lexique.* Paris, Bouchy et Cie., (1907). 79 p.

1051. Marcaggi, J. B., ... *Lamenti, voceri, chansons populaires de la Corse; publiés avec le texte corse, la traduction française, une introduction sur la poésie populaire corse et des airs notés en musique.* Ajaccio, J. Rombaldi, 1926. 399 p.

1052. Mattei, (A.), *Étude sur le dialecte de la Corse.* Paris, M. Pruverbj & Co., 1867.

1053. Merlo, Clemente. *Concordanze corse-italiane-centro-meridionali.* ITd I (1924-25).

1054. Vattelapesca, Petru, *Glossario corso-italiano.* Bastia, Piaggi, 1905, 1906, 1907.

1055. Vattelapesca, Petru, *Versi italiani e côrsi (vernacolo bastiese), con un glossario.* Bastia, Ollagnier, 1887.

1056. *Vocabolario (Per il) Côrso di R. B. Falucci: annunci e giudizî.* Cagliari, Soc. tip. sarda, 1916. 12 p.

b. *MENTONE:*

1057. Andrews, J. B., *Vocabulaire français-mentonais.* Nice, 1877.

c. *MONACO:*

1058. Bertoldi, V., *Parole e idee: Monaci e popolo, "calques linguistiques" e etimologie popolari.* RLR II (1926).

d. *NIZZA:*

1059. Caire, P. L., *Saggio sul dialetto nizzardo, in confronto colle lingue romanze e coi dialetti italiani.* Sanremo, Arbuffo e Vachieri, 1884. 44 p.

1060. Sachs, K., *Nizza und seine Sprache.* NC XX (1907), 108-115.

FINIS

LIST OF AUTHORS

Abbatescianni, 373.
A. B. R., 541.
Accattatis, 333.
Adelung, 1.
Aebischer, 650.
Agnelli, 705, 753.
Albanesi, 645.
Albertano of Brescia, 165.
Alessio, 308.
Alfieri, 103.
Alfonsi, 1041.
Alfonso, M. (S.) de Liguori, 418.
Alfonso, P., 104.
Alione, 630, 764.
Altavilla, 195, 420.
Altobello, 496.
Amalfi, 299.
Ambrogio, 772.
Ammirà, 309.
Ammirante, 422.
Andreoli, 423.
Andreucci, 154.
Andrews, 1057.
Anelli, 521.
Angeli, 999-1000.
Angelucci, 675.
Angiolini, 765.
Annovazzi, 794.
Apolonio, 934.
Arboit, 2.
Argentina, 338.
Arlis, 127.
Arrighi, 766.
Arrigoni, 805.
Arrivabene, 754-755.
Aruch, 128, 875.
Assenza, 196, 297-298.
Aureli, 814.
Autieri, 310.
Avellino, 470.
Avogadri, 833.
Avoli, 531.
Avolio, 197-198, 300.
Azzi, 834-835.
Azzocchi, 542.
Azzolini, 974.

Babuder, 945.
Babudri, 960.
Bacchi della Lega, 4.
Bacigalupi, 676.

Balbi, 178.
Baldan, 910.
Baldinucci, 105.
Balladoro, 1001.
Banfi, 767.
Barbagallo, 199.
Barletta, 311.
Baroni, 811.
Bartholomaeis, 173, 516.
Bartolan, 1007-1008.
Bartoli, 86, 931.
Bartolini, 144.
Bastianello, 5.
Battaglia, 883.
Battisti, Carlo, 6-8, 706, 809, 964, 972.
Battisti, Cesare, 975.
Begnami-Sormani, 583, 707.
Belli, G. G., 543-544.
Belli, V., 179.
Bellini, 129.
Benoit, 200.
Berghoffer, 954.
Berlan, 768.
Bernadini, 353.
Berni, 756.
Bertazzoni, 869.
Bertoldi, 9, 1058.
Bert, 746.
Bertoni, 10, 848-852.
Bettoni, 738.
Bianchi, 499.
Bianchini, 106.
Bielli, D., 504.
Bielli, R. L., 174.
Bilancioni, 26.
Bindi, 505.
Biondelli, 584.
Biundi, 204-205.
Blasi, B., 546.
Blasi, F., 529.
Boccaccio, 425.
Boerio, 912.
Bolognini, 1004.
Bolza, 585.
Bonelli, 708.
Bongi, 159.
Borelli, 343.
Boselli, 892.
Bottiglioni, 11, 151, 842, 1043-1045.
Bracciforti, 870.
Brenner, 895.

Bresciani, 107.
Brianzi, 770, 816.
Brösel, 1029.
Bruner, 166.
Bruni, 380.
Buchmann, 1026.
Bugni, 475.
Buini, 817.
Buommattei, 108.
Buonamici, 527.
Burgand des Marets, 13.
Buscaino-Campo, 109.

Caffi, 719-720.
Caglià, 206.
Caire, 1059.
Caix, 14.
Calvaruso, 207, 301.
Camaiti, 130.
Camilli, 582.
Cammarano, 426.
Campanelli, 530.
Camus, 896.
Cannarella, 208.
Cantù, 15, 771.
Capalbo, 16.
Capasso, 427.
Capelletti, 773.
Capello, 591-592.
Capis, B., 772.
Capis, G., 772.
Capone, 416.
Capozzoli, 428.
Carfora, 429.
Carini, 739.
Carlato, 948.
Carlotti, 1046-1047.
Carminati, 721.
Casaccia, 678.
Casali, 877-878.
Casella, 839.
Casilli, 430-431.
Caso, 432.
Castagna, 513.
Castagnola, 210.
Castellino, 593.
Catania, 211.
Caverni, 110.
Cedraro, 313.
Celesia, 660, 673.
Cella, 947.
Centemeri, 762.
Centrelli, 396.
Ceraso, 433.
Cerlogne, 651-652.
Cerri, 871.

Cesari, 1002.
Cesarini, 976-977.
Cestari, 17.
Chanoux, 653.
Cherubini, 757, 774.
Chiappini, 547.
Chiarelli, 984.
Chiaro, 314.
Chiavelli, 758.
Chimienti, 18.
Chiurazzi, 434.
Cian, 759.
Cianfruglia, 212.
Ciaramella, 213, 354.
Cipolla, 736.
Clerico, 1015.
Cocchi, 19.
Cocchiara, 214-216.
Cocola, 381.
Colla, 594.
Colombo, 810.
Comez, 523.
Compagnoni, 548.
Comune, 595.
Contarini, N., 966.
Contarini, P., 913.
Conti, A. G., 897.
Conti, E., 578-579.
Conti, O., 501.
Contini, 709.
Contursi, 435-437.
Corazzini, 20-21, 175.
Coronedi Berti, 818.
Corsini, 978.
Corti, 217.
Corticelli, 111-112.
Corzetto-Vignot, 643.
Costa, G., 366.
Costa, N., 593.
Costa, O. G., 438.
Cotronei, 315.
Cotugno, 370.
Cozzi, 717.
Cremona, 292.
Cremonese, 494.
Crocioni, 22, 514-515, 566-567,
 569, 575.
D'Alba, 218-219.
D'Ambra, 439-441.
D'Andrea, 316.
Dante, 194, 419, 763, 909, 998.
D'Arezzo, 220.
Da Ronco, 942.
D'Azeglio, 596.
De Cristo, 317.
De Domo, 360.

De Gasperi, 936.
Degli Azzi, 528.
De Gubernatis, 23.
Del Bono, 221.
Del Lungo, 131.
De Maria, F., 406.
De Maria, R., 355.
Demattio, 1038.
De Minicis, 24.
De Nino, 564.
De Pasquale, 318.
De Pizza, 442.
De Ritis, 443.
De Romita, 349.
De Santi, 374.
De Sisti, 836.
De Titta, 506.
Devescovi, 971.
Di Marco, 222-226, 444.
Di Mino, 227.
Dionisi, 700.
Di Terlizzi, 395.
Domenico, 445-447.
Donaver, 679.
Donati, 915.
Dorsa, 336.
Doudou, 146.
Drago da Naso, 228.
Ducibella, 229.
Durazzo, 661.
D'Urso, 230.
Dusso, 898.

Edler, 25.
Egidi, 526.
Emmanueli, 893.
Errera, E., 776.
Errera, R., 776.
Esposito, 448.
Ettmayer, 722.

Fabria, 899.
Facchetti, 804.
Failla-Gelsomino, 231.
Falcucci, 1048.
Falucci, 1049.
Fanfani, 113-114, 132-133.
Fedele, 549.
Ferraro, 634, 636.
Ferrari, 819.
Ferreri, 26.
Ferri, (-), 836.
Ferri, L., 837.
Filippi, 1050.
Filzi, 27.
Finamore, 28, 507-508.

Fioravanti, 29.
Flechia, Giovanni, 641, 680.
Flechia Giuseppe, 644, 662-663, 681.
Foresti, 872-873.
Forti, 398.
Franco, 232.
Franzoni, 1030.
Frati, 820.
Freund, 415.
Frisoni, 682.
Frizzi, 134.
Frolo, 633.
Fruscella, 502.
Fulci, 233.
Fumagalli, 750.

Gaiter, 900.
Galasso, 341.
Galiani, 449-450.
Galleani, 597.
Galvani, E., 876.
Galvani, G., 853.
Gambini, 796.
Gargano, 451.
Garnier, 672.
Gartner, 916, 955, 973.
Gasparino, 723.
Gatti, 577.
Gaudenzi, 821.
Gavuzzi, 599-600.
Gazzis, 683.
Gelmetti, 135.
Gentile, 601, 701.
Gentili, 337.
Ghisalberti, 550.
Giacalone, 307.
Giacchi, 136.
Giacomelli, 1017.
Giacomo, 452.
Giaimo, 684.
Giambullari, 137-138.
Giannarelli, 147-148.
Giannini, 160.
Gigli, 156.
Ginotta, 632.
Gioeni, 234.
Giuliani, 115.
Giuriato, 1009.
Gliozzi, 31, 319-320.
Gloria, 967.
Guarnerio, 737.
Goidanich, 306, 497.
Gorgoni, 357.
Grassi, G., 362.

Grassi, G. B., 235.
Gravisi, 946, 961.
Gregorio, A. de, 236.
Gregorio, G. de, 139, 237-242, 291, 304, 321, 551.
Greco, A., 453.
Greco, D.—R., 454.
Grella, 407.
Grion, 724.
Grossi, 777.
Gualzata, 1024-1025.
Guacci, 486.
Guastalla, 841.
Gusumpaur, 455-456.
Gysling, 655.

Hess, 778.
Hobe, 1018.

Ippolito, 364.
Irmici, 901.
Issel, 664.
Ive, 568.

Jaberg, 32-35, 1019.
Jacopini, 24.
Jachino, 627.
Jud, 32-36, 1019.

Keller, C., 686.
Keller, E., 779-780.
Keller, O., 1020, 1031-1033.
Kosovitz, 989.

Labus, 37.
Laconi, 38.
Lagomaggiore, 665.
Lagusi, 244.
Largaiolli, 979.
La Rosa, 245.
Laudicina, 457-458.
Levi, 116, 603-604.
Lefons, 365.
Lindsstrom, 565.
Livigni, 462.
Lolli, 845.
Lombardi, 335.
Lombardini, 806.
Longa, 1027-1028.
Longhi, 822.
Longo, 155, 322, 344.
Lopez, 375.
Lorck, 725.
Lorenzi, A., 39, 969.
Lorenzi, E., 965.
Loreto, 522.
Lovarini, 726.

Luciani, 962.
Lunge, 40.
Luzio, 760.
Luzzatto, 917.
Maccarrone, 149, 535.
Macht, 459.
Magherini-Grazioni, 500.
Mainati, 990.
Maini, 854.
Majoni, 935.
Malagoli, 158, 169-172, 844, 859, 879-880, 894.
Malara, 345.
Malaspina, 860-861.
Malchiori, 740.
Manaresi, 798.
Mancini, Lorenzo, 117.
Mancini, Luigi, 351.
Mandalari, 346.
Manfredi, 799.
Mannucci, 666.
Manutius, 118.
Manzo, 460-461.
Maranesi, 855-857.
Marano Festa, 417.
Marcaggi, 1051.
Marcoaldi, 576, 687.
Marcora, A. T., 710.
Marcora, G. A., 727.
Marinelli, 246, 570, 943.
Marinosci, 367.
Martini, 667.
Marulli, 462.
Marzano, 323.
Massara, 807.
Massia, 637.
Mathiauda, 668.
Mattei, 1052.
Mattioli, A., 885.
Mattioli, G., 881.
Mattirolo, 605.
Maugeri-Zangàra, 247.
Mazzoni, 41.
Mazzucchi, 970.
Medin, 902.
Mele, 463.
Meli, 248.
Melillo, 153, 384, 386, 389, 397, 411-413.
Mengel, 581.
Merlino, 761.
Merlo, 42-49, 145, 177, 180-181, 371, 376, 382, 392-393, 403, 509, 539, 552, 703, 1053.
Mery, 464.

Meschieri, 846.
Meyer-Lübke, 50, 119.
Mezzana, 665.
Michel, 1036.
Michelagnoli, 918.
Michelangeli, 51.
Migliorini, 553.
Mignosi, 52-53.
Millardet, 249.
Miltschinsky, 586.
Molinaro Del Chiaro, 465.
Monaci, 54-55.
Montalbani, 823-824.
Montanari, 402.
Monte, 554.
Monti, L., 1003.
Monti, M., 1034.
Monti, P., 747-748.
Morisani, 347.
Mormile, 466.
Morosi, 358, 648.
Morri, 886-887.
Mortillaro, 250-251.
Mujà, 324.
Musatti, 919-920.
Mussaffia, 56, 587, 781, 888.
Mutenelli, 903.

Nacci, 363.
Nannini, 838.
Nardi, 57-58.
Nardo, C. A., 941.
Nardo, D. G., 949.
Nardo, G. D., 59-60, 904.
Natoli, 302.
Navone, 540.
Nazari, G., 921-922, 937, 1010.
Nazari, O., 524.
Nelson, 607.
Nerucci, 167-168.
Neto, 348.
Neumann, 571-572.
Nicolet, 629.
Nicolini, 404.
Nicolli, 874.
Nicotra, D. E., 252.
Nicotra, V., 253-254.
Nieri, 160-162.
Nigra, 608, 659.
Ninni, 923, 985.
Nitti, 377-378.
Nittoli, 492.
Nobaresco, 702.
Nobile, 363.
Nocera, 352.
Norreri, 536.

Novati, 924.
Nuzzo, 405.

Olivieri, D., 120.
Olivieri, G., 688-689.
Ondis, 408.
Orlando, 255.
Ottolini, 782.
Ovidio, 61-62, 498.
Padiglione, 468.

Padoan, 950.
Paganini, 690.
Pagano, L., 325-326.
Pagano, V., 63-66.
Pajello, 1011-1012.
Paltrinieri, 862.
Panareo, 361.
Pannella, 518.
Pansa, 510.
Paoletti, 925.
Papanti, 67.
Papini, 857.
Pariset, 863-864.
Parodi, (-), 182.
Parodi, E. G., 121, 639, 669, 691-692, 704.
Parona, 693.
Partenio, 469.
Pascale, 391.
Pasquale, 470.
Pasquali, G., 609.
Pasquali, P. S., 152, 654.
Pasqualigo, 968.
Pasqualino, 256.
Pastore, 694.
Patriarchi, 926.
Patuzzi, 1004.
Pavesi, 711.
Pavia, 783.
Pecorella, 257.
Pedrotti, 980.
Pelaez, 471.
Pellandini, 1022-1023.
Pellis, 958.
Pellizzari, 741.
Penzig, 68, 670.
Pepe, C., 334.
Pepe, V., 359.
Peresio, 555.
Perez, 258.
Peri, 751.
Peschieri, 865-866.
Petrus de Ebulo, 472.
P. F. B., 695.
Piagnoli, 867.

Piantieri, 409.
Piazza, 259.
Piccio, 927
Pieri, 157, 163.
Pinelli, 742.
Pipino, 610-611.
Pirandello, 293.
Pitrè, 260-262.
Pittarini, 1013.
Police, 473.
Politi, 122-123.
Poma, 631.
Ponza, 612-615.
Porena, 556-557.
Porta, 784.
Pozzo, 616.
Pranzetti, 183.
Prati, Angelico, 617, 981, 996-997.
Prati, Angelo, 69-70.
Prato, 625.
Preda, 71.
Predelli, 928.
Preziosi, 517.
Pulle, 72, 840.
Puoti, 474.

Racioppi, 399.
Ramondini, 73.
Rampoldi, 800.
Randaccio, 696.
Raseri, 74.
Rasmo, 953.
Ratto, G., 697.
Ratto, G. B., 697.
Redi, 176.
Re Giovanni, 646.
Renier, 618.
Reich, 1039.
Revelli 263.
Ribezzo, 339.
Ricci, 982.
Righetti, 785.
Robecchi, 786.
Rocca, 265-265.
Roccella, 303.
Rocco, 475-478.
Rohlfs, 185-186, 327-329, 410.
Roletto, 649.
Rolin, 511.
Rolla, 76, 330, 479.
Romanelli, 77, 480-481.
Romani, 331, 512.
Romano, F., 266.
Romano, S., 267.
Rosa, E., 534.

Rosa, G., 728-729, 743.
Rosa, U., 619-620.
Rosman, 905, 932.
Rossi, E. G., 79.
Rossi, G., 671, 704.
Rossi, V., 929.
Rotta, 787.
Ruffo, 268.
Rumor, 1014.
Rusconi, 638.
Russo, 482.

Sabalich, 1016.
Sabatini, 80-81, 558-559.
Sachs, 1060.
Saitta, 269.
Salamitto, 621.
Salomone-Marino, 270.
Salvio, 400, 414.
Salvioni, 82-85, 187-189, 271-273, 588, 626, 712-714, 730, 789-790, 802-803, 808, 812, 986, 1035, 1037.
Samarani, 749.
Sandri, 825.
Sanesi, 274.
Sant'Albino, 622.
Savi, 124.
Savini, 519-520.
Savj-Lopez, P., 86, 483-484.
Scanduti, 275.
Scardigno, 394.
Scarturro, 305.
Scerbo, 340.
Schaedel, 640.
Schatzmayr, 992.
Schiaffina, 190.
Schneegans, 191, 276-277.
Schneller, 983, 1040.
Schuerr, 87, 889-890.
Scobar, 278.
Scolari, 583, 707.
Sgroi, 279.
Shaw, 140.
Silla, 674.
Simonici, 90.
Siniscalchi, 91.
Solimena, 401.
Sorrento, 92.
Seifert, 88.
Sema, 332.
Seracino, 383.
Severini, 342.
Sforzosi, 89.
Sganzini, 656.

Spada, 580.
Spinoso, 280.
Spotti, 573.
Stampa, 715.
Storaci, 281-282.
Struppa, 295.
Subak, 368.
Surdi, 125.

Tagliavini, 952, 963.
Talmon, 642.
Tamassia, 826.
Tancredi, G., 390.
Tancredi, M. A., 485.
Taranto, 486.
Targione, 126.
Tellenbach, 561.
Tempini, 745.
Teofilo, 657.
Terracini, 192.
Thomas-Fusi, 94.
Tiraboschi, 731-733, 793.
Tommasini, 95.
Tonetti, 658.
Toni, E., 907, 939.
Toni, G., 827.
Toppino, 635.
Torquati, 562.
Tortoli, 141.
Toschi, 574.
Tozzoli, 843.
Trabalza, 96, 525.
Traina, 283-286.
Trauzzi, 97.
Trevisani Mosconi, 1006.
Trotta, 503.

Ungarelli, 828.

Valla, 294.
Valsecchi, 944.

Vattasso, 563.
Vattelapesca, 1054-1055.
Vaughan, 193, 487.
V. D. M., 698.
Ventimiglia, 287.
Vercelli, 752.
Viaggi, 721.
Vidossich, 908, 993-994.
Vienna, 940.
Vignoli, 532-533, 537-538, 957.
Vigo, 699.
Villani, C., 387.
Villani, F., 388.
Villari, 98.
Vincentiis, 369.
Vinci, 288.
Volpe, 489.
Vopisco, 623.

Wentrup, (-), 290.
Wentrup, F., 490.
Wiese, 716.

Zagaria, 372.
Zalli, 624.
Zambaldi, 99.
Zambrini, 832, 891.
Zanardelli, 813, 831.
Zanella, 164.
Zappettini, 734.
Zenatti, 995.
Zennaro, 951.
Zerbini, 735.
Ziccardi, 495.
Zingarelli, 100, 385.
Zingerle, 956.
Zinno, 491.
Zoncada, 101.
Zonno, 379.
Zuccagni-Orlandini, 102.